Coffee Study

Coffee Study

2nd Edition

커피 스터디

이이비라인 Ⓑ Publishing Co.

들어가는 글

Basic Coffee Knowledge

우리가 마시는 커피가 잔에 담기기까지의 긴 여정을 거슬러 올라가 봤습니다.
염소 치는 소년 칼디에 얽힌 흥미로운 전설에서부터 세계 곳곳으로 전파된 커피의 경로와
여러 나라에서 활발히 이뤄졌던 카페의 시작은 오랜 시간에 걸친 커피의 역사를 말해줍니다.
커피나무가 자라는 환경은 생각보다 까다롭습니다.
온도와 습도가 여간 균형 있게 맞춰지지 않고서는 쉽게 시들어버리기 때문입니다.
신기하게도 꽃은 피어난 지 3일 만에 지고 열매는 빨갛기도 노랗기도 합니다.
커피를 재배하는 산지에서는 자연환경에 따라 가공방식과 건조방식이 다양합니다.
하나같이 다 비슷해 보이는 생두지만 그 종류는 수십 수백 가지에 이르며 로스팅 후에는 각기
다른 향과 맛을 품고, 때로는 기형인 것 같아 보이는 생두가 더 비싼 값에 팔리기도 합니다.
이처럼 커피의 세계는 깊게 파고들수록 더욱 넓어집니다.
커피농부를 거쳐 수확과 가공, 건조의 단계를 지나면 로스터의 뛰어난 감각으로 생두는 갈
색 옷을 갈아입습니다.
그렇게 볶아진 원두는 바리스타를 통해 정성 어린 커피메뉴로 재탄생합니다.
매일 마시는 우리의 커피 잔에는 이렇게 길고 긴 이야기들이 설탕시럽처럼 녹아있습니다.
이 모든 이야기들을 담아,
커피를 좋아하고 알고 싶어 하는 모든 이들에게 전합니다.

목차

PART1 커피 개론

- 10 **커피의 기원과 전파**
  - 10 커피의 기원
  - 12 커피의 전파

- 16 **커피 식물학**
  - 16 커피나무
  - 19 꽃
  - 21 잎
  - 23 열매

- 26 **커피 품종**
  - 27 아라비카의 특징
  - 28 로부스타의 특징
  - 30 아라비카의 주요 품종

- 35 **커피 생산 과정**
  - 36 파종 & 묘목
  - 37 경작
  - 39 재배 조건
  - 45 수확
  - 50 가공
  - 56 건조

- 60 **커피산지**
  - 60 커피벨트
  - 62 커피 등급 구분
  - 66 주요 산지별 커피의 특성

PART2 커피 추출

- 76 **커피 추출의 이해**

- 77 **추출 방식의 종류**

- 78 **커피 추출의 핵심 요소**
  - 78 로스팅 포인트
  - 80 원두의 분쇄도
  - 83 물 온도
  - 84 추출비율
  - 85 추출시간

- 86 **에스프레소**
  - 86 에스프레소의 개념과 역사
  - 90 에스프레소의 종류와 특성
  - 92 에스프레소 머신
  - 101 그라인더
  - 111 에스프레소 추출
  - 121 에스프레소 머신 청소

- 124 **브루잉**
  - 124 브루잉에 필요한 도구들
  - 130 브루잉 커피 추출 과정
  - 134 드리퍼의 종류
  - 138 필터의 종류
  - 140 도구별 추출과정

Coffee Study

PART 3 밀크 스티밍 & 라떼아트

- 158 **밀크 스티밍**
- 159 우유의 성분과 종류
- 160 밀크 스티밍 작업 순서
- 166 밀크 스티밍이 잘된 경우와 잘못된 경우

- 168 **라떼아트**
- 168 라떼아트의 3요소
- 168 라떼아트의 원리
- 169 라떼아트 작업 순서
- 172 에칭
- 174 여러 가지 라떼아트

PART 4 카페메뉴

- 192 주요 부재료
- 198 주요 장비 선택 및 관리법
- 200 **잔 선택 및 관리법**
- 201 재질별 잔
- 205 메뉴별 잔
- 207 에스프레소 베리에이션 음료 제조
- 256 **카페메뉴 운영 매뉴얼**
- 256 카페메뉴 구성하기
- 258 매뉴얼 작성법

PART 5 커피 로스팅

PART 6 커피 향미 평가

- 262 **로스팅이란**
- 263 **로스터의 구조**
- 264 **로스팅 방식**
- 266 **로스팅 환경**
- 268 **로스팅 변수**
- 270 **로스팅 프로세스**
- 276 **로스팅 포인트**
- 278 **블랜딩**
- 278 블랜딩이란
- 282 블랜딩 방식
- 282 블랜딩 과정

- 289 **주요 감각**
- 289 후각
- 291 미각
- 292 촉각
- 294 **커핑**
- 296 커핑의 기준
- 297 커핑 준비물
- 299 커핑 방법
- 302 SCA 커핑
- 308 CoE 커핑

Coffee Study

PART 1

커피 개론

커피의 기원과 전파

커피의 기원

누가 언제 처음 커피를 발견했는지에 대해서는 여전히 논쟁의 여지가 있으나 커피의 기원에 관한 현존하는 가장 오래된 문헌인 압달 카디르Abd-al-Kadir의 '커피의 합법성 논쟁과 관련한 무죄 주장'(1587년)에 따르면 대표적으로 칼디의 전설과 오마르의 전설을 들 수 있다.

칼디의 전설

기원전 6~7세기경 아프리카 아비시니아Abyssinia(에티오피아의 옛 이름)의 고원지대인 카파Kaffa에 염소를 치는 소년 칼디Kaldi가 살고 있었다. 어느 날 칼디는 염소들이 쉽게 잠들지 못하고 갑자기 흥분해 날뛰는 모습을 보게 되는데, 알고 보니 언덕 위 숲속 작은 나무에 열린 빨간 열매가 원인이었다. 호기심에 열매를 따먹은 칼디는 머리가 맑아지며 몸에 기운이 솟는 것을 느끼고, 이슬람 승려들에게 보여주었다. 여러 실험을 통해 열매에 잠을 쫓는 효과가 있다는 것을 안 승려들은 열매로 음료를 만들어 매일 밤 기도를 위해 마셨다.

오마르의 전설

또 하나의 커피 기원 설화인 오마르의 전설에는 크게 두 가지 이야기가 있다.
하나는 아라비아 반도의 승려 오마르가 직책을 박탈당한 후 산속을 떠돌며 지내다 우연히 커피열매를 발견하고 약으로 활용하여 성자가 됐다는 이야기이고, 다른 하나는 아라비아 반도 남단의 항구도시인 예멘 모카의 수호 성주 셰이크 칼데의 제자 오마르가 지방 영주의 딸과 사랑에 빠져 추방당했다가 커피를 발견하고 면죄부를 받았다는 이야기이다.

에티오피아 카파(현 지명 짐마Djimmah)에서 약 50km가량 떨어진 쪼쩨Choche 지역에 '아라비카 커피의 고향'이라는 문구가 새겨진 표지석이 세워져 있다.

커피의 전파

커피에 관한 최초의 기록은 9세기 페르시아 의사 라제스Rhazes에 의해 작성되었다. 그는 자신의 책에 커피를 분카Bunca(또는 분컴Bunchum)라고 적었으며, 이후 등장한 여러 문헌을 통해 커피의 약리적 효능과 음용방법이 소개되었다. 많은 역사학자들이 커피가 그전부터 다양한 용도로 사용됐을 거라 추정하지만 정확히 누가 언제부터 커피를 지금과 같은 형태로 마시기 시작했는지는 알 수 없다.

15세기 초 아랍인들은 에티오피아에서 들여온 생두를 이용해 아라비아 반도 남단에 위치한 예멘에서 대규모 커피 경작을 시작했다. 당시 커피는 이슬람 제국의 철저한 통제 하에 재배되었는데, 생산량이 적어서 소수의 부유층과 이슬람 승려들만 즐길 수 있었다. 아랍인들은 커피 생산을 독점하기 위해 생두를 외부로 반출할 경우 물에 삶아 발아를 막거나 외부인의 커피농장 방문을 금지했다. 수출도 예멘 서남 해안의 항구도시인 모카를 통해서만 이루어졌는데, 모카Mocha는 한때 세계 최대의 커피 무역항으로 명성이 자자했으며, 이곳을 통해 수출한 커피를 흔히 모카라고 불렀다.

1517년 오스만투르크 제국의 셀림 1세가 이집트 정복 후 처음으로 수도 콘스탄티노플에 커피를 소개했으며, 이는 베니스 무역상들에 의해 유럽 각지로 전파되었다. 1670년 바바 부단Baba Budan이라는 이름의 이슬람 승려가 예멘에서 인도로 밀반입한 일곱 개의 커피씨앗은 이후 네덜란드 상인들에게 전해져 커피가 인도네시아를 비롯한 전 세계로 알려지는 계기가 되었다. 하지만 커피는 이때까지도 열악한 생산 환경으로 인해 생산량이 많지 않았고, 소수 특권층만 누리는 고급 사치품으로 여겨졌다.

18세기까지 커피는 주로 각성제 역할을 하는 합법적인 약물, 신분과 지위를 나타내는 사치품으로 소비되다 19세기에 이르러 커피 생산이 중남미로 확산되면서 급격한 변화를 겪었다. 기후, 고도, 토양 등 커피 재배에 필요한 환경조건이 크게 개선되고 1차 산업혁명과 함께 철도 개설과 기계화가 이루어지면서 대량생산이 가능해진 것이다. 도시가 발전하고 커피 소비량이 늘어남에 따라 19세기 말 커피 선물시장이 형성됐으며, 1960~70년대에는 병충해에 강하고 생산성이 높은 품종 개발을 활발히 진행하다 현재는 커피품질의 중요성이 대두되면서 새로운 인증제도가 생기는 등 품질 향상을 위한 노력이 다방면으로 이루어지고 있는 추세다.

| TIP | 커피의 어원 |

커피의 영어식 표현인 'Coffee'의 어원은 에티오피아어로 '힘'을 뜻하는 말인 'Kaffa'에서 유래한다. 커피는 에티오피아에서 아라비아 반도의 여러 나라로 전해지며 Kahway, Gahwa, Qahwa, Kahve 등 다양한 이름으로 불렸는데, 모두 '식물에서 나는 포도주'라는 뜻을 지니고 있다. 종교적으로 술을 금지하는 이슬람 문화권에서 술 대신 각성 효과가 있는 커피를 애용했기 때문이다. 17세기 초 커피가 유럽에서 '아라비아의 와인'으로 불렸던 것도 이러한 이유에서다. 과거 아랍에서는 '기운을 돋운다'는 의미로 커피를 'Qahwah'라 불렀으며, 유럽에서는 나라마다 다른 이름으로 부르다 영국에 전파되면서 'Coffee'라는 이름을 갖게 되었다.

나라별 커피 이름
- 이탈리아 Caffe
- 독일 Kaffee
- 스페인 Kape
- 프랑스 Cafe
- 그리스 Kafes
- 네덜란드 Koffe
- 영국 Coffee

TIP   우리나라의 커피 역사

한국에 처음 커피가 들어온 시기는 1890년대 전후로 추정되지만 전파 경로에 대해서는 다양한 의견이 존재한다. 1888년 개항지인 인천에 우리나라 최초의 호텔인 대불 호텔과 슈트워드 호텔이 문을 열면서 그 안에 커피를 파는 다방이 들어섰는데, 이를 우리나라 최초의 카페라고 보는 견해가 있다.

문헌에 따르면 커피를 마신 최초의 한국인은 고종황제이며, 1896년 아관파천으로 러시아 공관에 머물 당시, 러시아 공사 베베르Karl Ivanovich Veber의 처형인 독일인 통역사 손탁Antoinette Sontag의 권유로 처음 커피를 마셨다고 한다. 고종은 아관파천이 끝나고 덕수궁으로 환궁한 뒤에도 그 맛을 잊지 못해 1900년 궁 안에 정관헌이라는 서양식 건물을 짓고 커피를 마시며 휴식을 취하거나 외교사절단을 맞이하는 연회장으로 활용했다. 이 시기에 커피는 일반 백성들에게도 알려졌는데, 서민들 사이에서는 커피가 '서양에서 들여온 탕'이라 하여 양탕국이라고 불렸다.

이후 손탁은 1902년 서울에 서양식 호텔인 손탁 호텔을 설립하고 이곳에 커피숍을 오픈했다.

커피 식물학

아라비카 나무

커피나무

커피나무는 식물학적으로 꼭두서니과Rubiaceae 커피속Coffea에 속하는 다년생 쌍떡잎식물로 분류된다. 원산지는 에티오피아 고원으로 알려져 있으며, 주로 적도 부근에 위치한 커피벨트coffee belt에서 재배된다. 커피의 3대 원종은 코페아 아라비카Coffea Arabica, 코페아 카네포라Coffea Canephora, 코페아 리베리카Coffea Liberica다.

커피나무의 키는 야생에서 최고 10~15m까지 자라지만, 농장에서는 사람이 일일이 손으로 직접 열매를 따기 때문에 편의상 2~3m 높이를 유지한다. 회백색 껍질에 줄기는 회색, 꽃은 백색을 띠며, 가지는 양옆으로 퍼지다 끝이 아래로 처지는 형태를 하고 있다.

커피나무의 뿌리는 땅속 30~60cm 깊이에 집중적으로 분포하며 최대 3m까지 뻗어나간다. 뿌리의 성장에 적합한 기온은 20~26℃이며, 아라비카는 로부스타에 비해 뿌리가 깊어 가뭄에 더 강하다. 커피나무는 심은 지 2년 정도 되면 키가 2m 가까이 자라고 3~4년이 지나면 완전히 성숙하여 열매를 맺는데, 적절한 가지치기를 통해 20~30년간 꾸준히 수확할 수 있다.

로부스타 나무

로부스타 꽃

아라비카 꽃

꽃

커피 꽃은 색깔이 희고 재스민 향이 난다. 수술은 5개, 암술은 1개이며, 아라비카는 자가수분, 로부스타는 타가수분을 한다. 꽃잎은 아라비카가 5장, 로부스타가 5~7장, 리베리카가 7~8장이며 개화하고 3~4일이 지나면 금방 져버리기 때문에 커피 꽃을 볼 수 있는 시간이 길지 않다. 꽃이 수정되면 꽃밥이 갈색으로 변하고 꽃잎이 떨어진 후에 열매를 맺는다. 꽃은 씨앗이 발아하고 3~4년이 흐르면 볼 수 있고, 나무에 전체적으로 꽃이 피었다 지는 시간은 약 한 달 정도다. 꽃은 대부분 건기에 피지만 정확한 시기는 산지마다 조금씩 다르며, 특히 건기와 우기의 구분이 명확하지 않은 적도 지역에서는 일 년에 여러 번 꽃이 피기도 한다.

아라비카 잎

로부스타 잎

잎

사계절 푸른 상록수인 커피나무는 가지 양옆으로 난 두 개의 잎이 대칭을 이루고 있다. 커피나무 잎은 짙은 녹색으로, 표면이 두껍고 광택이 나며 긴 타원 모양에 끝이 뾰족한 형태를 하고 있다. 잎의 길이는 약 10cm가량이며 가장자리에 물결무늬가 있고, 어린잎은 품종에 따라 옅은 녹색이나 청동색을 띤다. 잎의 수명은 10~15개월이다. 로부스타는 아라비카보다 잎 면적이 넓고 표면이 매끄러우며 질감도 부드럽다.

아라비카 열매

열매

아라비카 커피나무는 꽃이 지고 나면 조그만 초록색 열매를 맺는데, 열매가 익을수록 점점 붉거나 노랗게 변하는 모습이 앵두와 비슷하다고 하여 커피체리 coffee cherry라고도 부른다. 열매는 길이가 15~18mm, 폭이 약 6mm이며 안에 들어 있는 두 개의 생두가 한 쌍을 이루고 있는데, 생두의 길이는 아라비카가 12~18mm, 로부스타가 8~16mm다. 열매를 수확하기까지 아라비카는 27~28주, 로부스타는 29~31주 정도 걸리며, 잘 익은 열매의 과육에서는 꽃향기와 새콤달콤한 맛이 난다.

로부스타 열매

커피열매의 구조

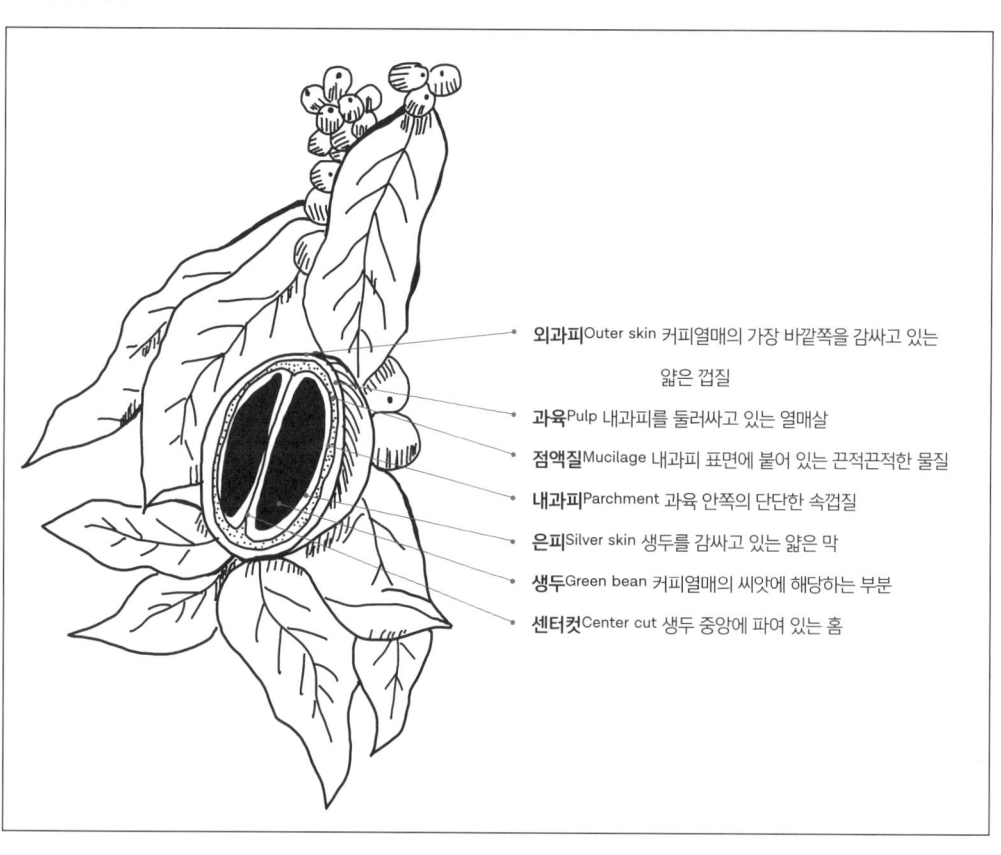

- **외과피** Outer skin 커피열매의 가장 바깥쪽을 감싸고 있는 얇은 껍질
- **과육** Pulp 내과피를 둘러싸고 있는 열매살
- **점액질** Mucilage 내과피 표면에 붙어 있는 끈적끈적한 물질
- **내과피** Parchment 과육 안쪽의 단단한 속껍질
- **은피** Silver skin 생두를 감싸고 있는 얇은 막
- **생두** Green bean 커피열매의 씨앗에 해당하는 부분
- **센터컷** Center cut 생두 중앙에 파여 있는 홈

| TIP | 피베리 Peaberry |

일반적인 커피열매는 생두 두 개가 평평한 면을 맞대고 있는 데 반해 피베리는 작고 동그란 생두가 하나만 들어 있는 것을 말한다. 피베리는 유전적 결함이나 환경적 요소에 의해 생기며 대부분 커피나무 앞쪽 가지에 달려 있다. 피베리 생산량은 전체 생산량의 약 5~10%를 차지하며 피베리 생산량이 약 1% 증가할 때 전체 생산량은 약 0.75% 감소한다. 품질은 여느 생두와 비슷하지만 희소성으로 인해 높은 등급을 받기도 한다. 중미에서는 피베리가 '달팽이'라는 뜻의 스페인어인 '카라콜Caracol'로 불린다. 종종 커피열매에 3개 이상의 생두가 들어 있는 경우도 있는데, 이는 '트라이앵귤러 빈Trianguar bean'이라고 부른다.

커피 품종

로스팅, 추출 등 커피의 맛과 향을 좌우하는 요소는 다양하지만 무엇보다 생두가 지닌 고유의 특성을 빼놓을 수 없다. 같은 나라, 같은 지역, 심지어 같은 농장에서 재배한 커피라도 품종에 따라 향미가 제각각 다르다. 또한 품종은 커피의 향미뿐만 아니라 생산량에도 막대한 영향을 미치기 때문에 많은 커피 생산자들이 향미가 좋은 커피를 안정적으로 생산하기 위해 품종 개량에 힘쓰고 있다.

커피의 3대 원종 중 생산성이 높아 상업적으로 거래되는 품종은 아라비카와 카네포라이며, 카네포라의 하위 품종으로는 로부스타, 코닐론Conillon, 과리니Guarini 등이 있다. 커피의 가장 대표적인 품종인 아라비카와 로부스타는 재배 환경이나 향미 등 여러 가지 면에서 서로 다른 특성을 보인다.

아라비카의 특징

학명은 코페아 아라비카, 전 세계 커피 생산량의 약 60%를 차지한다. 에티오피아 남서부에 위치한 카파 지역에서 처음 발견된 후, 아라비아 반도를 거쳐 세계 각국의 커피산지로 전파되었다. 하위 품종으로는 티피카Typica와 버번Bourbon이 있으며, 커피벨트 내에서도 기온이 낮고 일교차가 큰 해발 1,000m 이상의 고지대에서 자라기 때문에 저지대에서 자라는 로부스타에 비해 조직이 단단하고, 영양분의 밀도가 높으며, 그만큼 복합적이고 풍부한 향미를 지니고 있다. 시중에 유통되는 스페셜티 커피가 대부분 아라비카인 것도 이러한 이유에서다.

아라비카는 자가수분을 하기 때문에 상대적으로 유전자의 다양성이 낮고, 고온다습한 환경과 병충해에 약해 생산량도 적은 편이다. 최근 지구 온난화와 같은 기후변화로 인해 아라비카 재배지가 점차 축소되면서 생산량도 갈수록 줄어드는 추세다. 하지만 아라비카는 대부분 성숙도에 따라 사람이 선별적으로 수확하기 때문에 품질이 우수하다. 생산성을 높이기 위해 병충해에 내성을 가진 품종을 꾸준히 개발하고 있으며, 품종 개발과 더불어 다양한 가공방식을 통해 아라비카의 품질을 향상시키기 위한 노력이 이루어지고 있다.

로부스타의 특징

카네포라의 하위 품종으로 전 세계 커피 생산량의 약 40%를 차지한다. 19세기 말 아프리카 콩고 남동부에서 발견됐으며, 커피나무의 키는 아라비카보다 작지만 고온다습한 저지대에서도 비교적 재배가 용이하며 병충해에 강해 생산성이 높다. 로부스타는 수확량이 많고 생산비용도 저렴하여 상업적 가치가 높지만, 아라비카에 비해 쓴맛이 강하고 맛과 향이 단조로우며 카페인 함량도 2배 가까이 돼 주로 인스턴트커피에 사용된다. 로부스타는 타가수분을 하기 때문에 아라비카보다 상대적으로 유전자의 다양성이 높은데, 현재까지 확인된 품종만 헤도 약 1200여 개에 달한다.

로부스타 생산량은 국제 커피 가격과 수요에 따라 달라진다. 이상기온과 커피녹병 등의 여파로 아라비카 생산량이 급격히 줄어들어 가격이 상승하면 대체품인 로부스타의 수요가 늘어나면서 자연히 생산량도 증가하게 되는 것이다.

최근에는 로부스타의 가치를 재조명하는 움직임과 함께 고품질 로부스타 생산이 활발하게 이루어지면서 거래량이 눈에 띄게 늘어나고 있다.

아라비카와 로부스타의 차이

구분	아라비카(Arabica)	로부스타(Robusta)
원산지	에티오피아	콩고
발견시기	5~6세기	19세기
생산비율	전체 커피 생산량의 약 60~70%	전체 커피 생산량의 약 30~40%
수분방식	자가수분	타가수분
재배고도	해발 1,000m 이상	해발 700m 이하
온도	15~24℃	24~30℃
습도	60%	70~75%
강수량	1,500~2,000mm	2,000~3,000mm
카페인 함량	0.8~1.4%	1.7%~4.0%
열매 성숙기간	9개월	10~11개월
수확량	1,500~3,000kg/ha	2,300~4,000kg/ha
색상	푸른빛을 띤 초록색	푸른빛을 띤 회색
모양	크고 납작한 타원형	작고 둥글한 타원형
향미특성	풍부한 향미, 고급스러운 산미와 단맛	약한 향미, 구수하고 쓴맛
주요 생산국	브라질, 콜롬비아, 코스타리카, 니카라과, 온두라스, 엘살바도르, 멕시코, 과테말라, 에티오피아, 탄자니아, 케냐 등	베트남, 인도, 인도네시아 등
기타 특징	·재배조건이 까다로움 ·강한 햇빛에 약함 ·뿌리가 깊어 가뭄에 강함 ·가격대가 높게 형성됨	·나무의 성장이 빠름 ·관리하기 쉬움 ·뿌리가 얕아 가뭄에 약함 ·가격대가 낮게 형성됨

아라비카의 주요 품종

티피카 Typica

아라비카 재래종의 하나로 가장 원종에 가까운 성질을 지니고 있다. 상업적 커피 생산에 사용되는 품종 중 역사가 제일 오래됐으며, 네덜란드인들에 의해 예멘에서 아시아로 유입된 후 카리브해와 라틴아메리카로 전파되었다. 지역에 따라 아라비고Arabigo, 크리올로Criollo, 수마트라Sumatra 등의 이름으로 불리며, 질병과 해충에 취약해 수확량은 적지만 품질이 우수하여 비싼 가격에 거래되는 편이다. 커피나무의 키가 크고 열매가 붉은색을 띠며 생두는 길고 둥근 모양이 특징이다. 향미가 뛰어나 꽃향기와 상큼한 산미, 달콤하고 깨끗한 뒷맛을 느낄 수 있다.

주요 산지 : 중남미, 아시아, 카리브해, 파푸아뉴기니, 인도네시아, 카메룬, 하와이

버번 Bourbon

티피카가 자연 변이하여 생겨난 품종. 이름은 인도양의 프랑스령 레위니옹 섬Reunion Island의 옛 지명인 버번에서 유래했다. 18세기에 처음 발견됐으며 브라질로 옮겨져 본격적으로 재배된 후 동아프리카와 중남미로 전파되었다. 열매는 붉은색부터 노란색, 주황색, 분홍색까지 다양하며 각각 레드 버번, 옐로우 버번, 오렌지 버번, 핑크 버번으로 불린다. 질병과 해충에 취약하고 비바람에 약한 경향이 있지만, 고지대에 잘 적응하며 열매의 숙성 속도가 빠른 편이다. 수확량은 다른 품종보다 적지만 티피카보다는 20~30%가량 많다. 생두는 작고 둥글며 표면이 단단하고 약간 노르스름한 색을 띤다. 센터컷은 S자 모양으로 되어 있다. 상큼하고 깔끔한 산미와 깊은 단맛이 밸런스를 이루며 뛰어난 품질을 자랑한다.

주요 산지 : 중미, 콜롬비아, 브라질, 서부 아프리카, 케냐, 탄자니아

문도노보 Mundo Novo

브라질에서 발견된 티피카와 레드 버번의 자연 교배종. 브라질 커피 생산량의 약 40%를 차지할 만큼 브라질 기후에 특화된 품종이다. 병충해에 강하고 해발 1,000~1,200m에서도 재배가 가능하며, 높은 생산성과 품질을 자랑하지만 열매의 숙성 속도가 느린 편이다. 커피나무의 키는 3m 정도로 다른 품종에 크며 생두는 길고 둥근 형태다. 커피 향미는 산미가 적고 단맛이 강하며 바디가 좋은 것이 특징이다.

주요 산지 : 브라질

카투라 Caturra

1937년 브라질에서 발견된 레드 버번의 돌연변이종. 커피나무의 키는 작지만 잎이 넓으며, 나뭇가지의 마디 간격이 좁아 단위 면적당 생산량이 많고 손으로도 쉽게 열매를 딸 수 있어 생산성이 높다. 기본적으로 버번과 유사한 특성을 지니고 있지만 티피카나 버번보다 질병과 해충에 강하고 높은 지대에서도 잘 자랄 만큼 환경 적응력이 뛰어나기 때문에 품종 개량에 많이 활용된다. 하지만 브라질에서는 부적합한 재배환경과 세네 번째 수확 후 나타나는 과잉결실 over bearing 현상 때문에 재배가 활발히 이루어지지 않고 있다. 오히려 브라질보다는 콜롬비아, 코스타리카 등 중미 지역에서 널리 재배되고 있다. 왜소종이지만 품질이 좋으며 산미가 풍부하고 뒷맛이 깔끔하다. 특히 고지대에서 재배된 카투라는 티피카나 버번에 비해 바디와 단맛은 부족하지만 감귤향과 레몬향이 도드라지는 것이 특징이다.

주요 산지 : 콜롬비아, 코스타리카

카투아이 Catuai

문도노보와 카투라의 인공 교배종으로 1949년 브라질에서 개발됐으며 브라질 원주민어로 '매우 좋다'는 뜻을 지니고 있다. 커피나무의 키는 작은 편이지만 카투라보다 크며, 잎은 둥근 모양을 하고 있다. 다른 품종에 비해 병충해에 대한 저항성이 크고 비바람과 가뭄 등 거친 환경에서도 잘 자라는 특징이 있다. 그만큼 생명력이 강하고 생산성이 높지만 커피나무의 수명이 짧고 비료가 많이 필요하다는 것이 단점이다. 노란색 열매는 옐로우 카투아이(또는 카투아이 아마렐로Catuai Amarello), 붉은색 열매는 레드 카투아이(또는 카투아이 베르멜호Catuai Vermelho)라 불리며, 브라질을 비롯한 남미의 여러 나라에서 재배되고 있다. 향미는 중간 정도의 바디에 밝은 산미와 단맛이 조화를 이룬다.

주요 산지 : 브라질

마라고이페 Maragogype

마라고이페는 브라질 바이아Bahía의 마라고이페 마을에서 처음 발견된 티피카의 자연 돌연변이종이다. 생두 크기가 다른 품종에 비해 월등히 커서 코끼리 콩Elephant bean이라고도 한다. 커피나무는 잎이 넓고 키도 버번이나 티피카보다 크지만 가지의 마디 간격이 넓어 단위 면적당 생산량은 상대적으로 적은 편이다. 마라고이페는 낮은 생산성으로 인해 재배 농장이 점차 줄어들면서 쉽게 찾아보기 힘든 희귀 품종이 되었지만 독특한 외관과 희소성 때문에 오히려 더 많은 커피 애호가들이 즐겨 찾게 되었다. 새콤달콤하고 독특한 향미가 특징이며 주로 중미 지역에서 고품질 커피 생산을 목적으로 재배한다. 다른 품종과의 교배를 통해 생산성을 높이기 위한 연구도 활발히 진행되고 있다.

주요 산지 : 중미, 멕시코

켄트 Kent

티피카의 변종으로, 1911년 인도 마이소르Mysore에 살던 영국인 농장주 로버트 켄트Robert Kent에 의해 처음 발견됐으며 이후 그의 이름을 딴 '켄트'라는 인도 커피품종 개발 프로그램이 시행되기도 했다. 켄트는 아라비카에 비해 커피녹병에 강하고 생산성이 좋아 1940년대까지 큰 인기를 끌었지만 이후에 발생한 새로운 병충해에는 취약했다. 전반적으로 맑고 깔끔한 맛이 좋은 평가를 받는다.

주요 산지 : 탄자니아

카티모르 Catimor

티피카와 로부스타의 자연 교배종인 하이브리드 티모르 Hybrid Timor와 카투라를 교배해 개발한 품종. 1959년 포르투갈에서 개발됐으며 커피나무의 키는 작지만 생두 크기가 크다. 커피녹병에 강한 하이브리드 티모르와 교배한 품종이라 환경적응력이 뛰어나며 조기수확이 가능해 생산성도 높다. 다만 일반적인 커피나무에 비해 수명이 짧고, 저지대에서 재배되어 커피 향미가 다소 떨어진다는 단점이 있다. 독특한 향을 지니고 있지만 시고 떫은맛이 나며 최근에는 판매가 부진해 경작지가 줄고 있는 추세다.

주요 산지 : 커피산지 전역에 걸쳐 분포

게이샤 Geisha

에티오피아가 원산지인 아라비카 계열의 품종 중 하나로, 에티오피아 남서부 게샤 Gesha 지역의 야생 숲에서 케냐, 탄자니아로 건너가 재배되기 시작한 후 1950년대 들어 코스타리카를 통해 중미에 전파되었다. 커피나무의 키가 크고 잎이 길쭉하며 생두 모양은 가늘고 긴 것이 특징이다. 다양한 국가에서 게이샤를 생산하고 있지만 그중에서도 높은 고도에서 재배되는 파나마 게이샤는 특유의 꽃향기와 과일 향, 달콤하고 청량감 있는 다채로운 향미와 부드럽고 경쾌한 바디가 최고의 평가를 받고 있다. 파나마 게이샤는 매년 열리는 각종 커피품평대회에서 경이로운 가격에 낙찰되며 이제는 명실공히 자메이카 블루마운틴 Blue Mountain, 하와이 코나, 예멘 모카의 명성을 뛰어넘는 고급커피의 대명사로 자리매김했다.

주요 산지 : 파나마, 과테말라

커피 생산 과정

커피나무는 적도를 기준으로 남북 위도 25° 사이에 위치한 열대 및 아열대 지역에서 재배된다. 적도 부근에 집중된 커피 재배지를 일컬어 커피벨트 또는 커피존coffee zone이라 부르며, 그중에서도 남북회귀선이 통과하는 위도 23.5°에 속한, 평균기온이 20℃ 안팎이고 재배고도가 해발 1,000~3,000m인 고산지대가 커피 재배에 가장 적합하다고 알려져 있다. 이밖에도 연평균 1,500mm 이상의 강우량과 유기질이 풍부하고 배수가 원활한 비옥토 등의 조건이 갖춰야 커피나무가 잘 자랄 수 있으며, 특히 건기와 우기가 뚜렷한 지역일수록 커피 생산에 유리하다. 나무에 꽃이 피고 열매를 맺을 때는 우기가, 수확, 가공, 건조 작업을 할 때는 건기가 더 적합하여 좋은 품질의 커피를 생산할 수 있다. 하지만 아무리 이러한 조건이 충족되어도 찬바람이 강하게 불거나 서리가 내리는 곳에서는 커피 재배가 불가능하다.

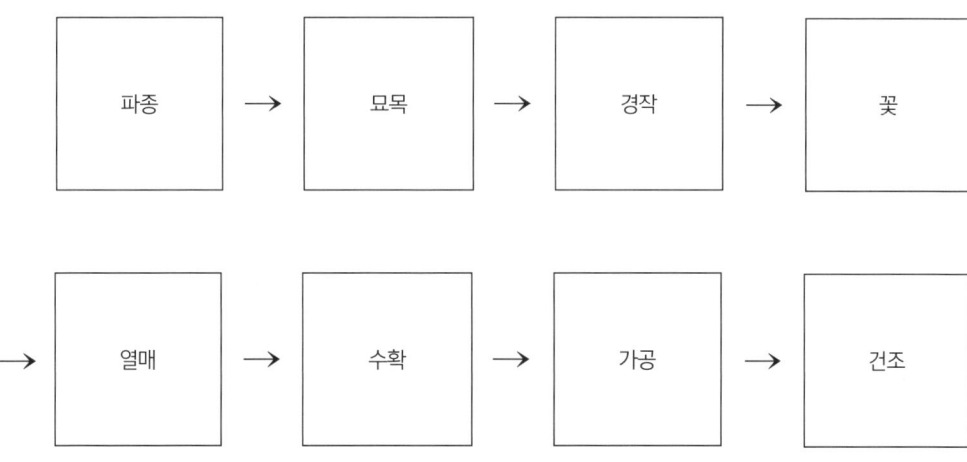

파종 & 묘목

일반적으로 커피나무는 생두를 커피열매의 내과피인 파치먼트를 제거하지 않은 상태로 포트에 심어 묘포nursery에서 6~7개월가량 키운 후 묘목이 40~60cm 정도 자랐을 때 농장에 옮겨 심는다. 묘포는 커피나무의 묘목을 기르는 곳을 말하는데, 영양분이 풍부하여 씨앗을 심으면 얼마 지나지 않아 싹을 틔운다. 씨앗이 자라 줄기가 흙 위로 올라온 것을 일컬어 솔저soldier라고 부르며, 솔저는 가늘고 푸른 줄기 끝에 씨앗이 붙어 있는 형태를 하고 있다.

경작

햇볕 경작 Sun-grown

그늘이 없는 곳에서 커피나무를 햇빛에 그대로 노출시킨 채 경작하는 방식을 말한다. 상업적으로 생산되는 커피 대부분이 이 방식으로 재배되며, 지리적으로 일조량이 적거나 커피농장이 평지에 조성된 곳, 브라질과 같이 대량 생산을 주로 하는 곳에서 많이 사용한다. 커피나무가 햇볕을 직접 쬐기 때문에 주변의 수분이 빠르게 증발하여 광합성이 잘 일어나지 않으며, 당과 유기산도 원활히 생성되지 않는다. 예전에는 직사광선을 피해 다른 키 큰 나무 옆에 커피나무를 심는 경우가 많았지만, 생산성을 늘리기 위해 이를 없애고 그 자리에 커피나무를 심기 시작하면서 선 그로운 커피가 등장하게 되었다. 화학비료와 제초제를 사용해 단기간에 더 많은 열매를 수확할 수 있지만 상대적으로 품질이 떨어지고 환경 오염을 일으킬 가능성이 높다는 단점이 있다.

그늘 경작 Shade-grown

직사광선에 약한 커피나무 사이에 다른 잎이 넓은 나무를 심어 그늘을 만들어 주는 경작 방식을 말한다. 주로 토양이 건조한 곳이나 햇빛이 강한 곳에서 많이 사용하며, 셰이드 트리 shade tree가 바람을 막아 열매의 맛과 모양을 유지해 주고 셰이드 트리에서 떨어진 낙엽이 영양분을 공급하는 역할도 한다. 셰이드 그로운 커피는 그늘이 커피나무 주변의 온도를 낮춰 광합성이 천천히 이루어지기 때문에 품질이 높아지는 효과를 기대할 수도 있다.

재배 조건

토양

커피나무는 자양분이 풍부한 화산성 토양과 배수가 원활하고 쉽게 뿌리 내릴 수 있는 다공질 토양에서 잘 자라는데, 이러한 토양은 대부분 암반층이나 지하수층 위쪽에 분포돼 있다. 커피나무를 심는 표토층은 뿌리가 충분히 뻗어나갈 수 있도록 깊이가 2m 이상이고 약산성을 띠며 침식이 적은 것이 좋다. 커피 재배에는 약 70%의 점토와 20~30%의 굵은 모래로 구성된 토양이 적합하며 물과 영양분을 흡수해 저장하는 능력 또한 중요하다. 건조한 지역일수록 표토층이 깊어야 커피나무가 잘 자란다. 표토층의 투과성이 떨어져 비가 온 뒤에 항상 물이 고이고 흙이 습해진다면 여러 병충해의 원인이 될 수 있으므로 각별히 주의해야 한다.

커피 재배에 부적합한 토양
· 점토 함량이 지나치게 높은 토양
· 물 저장 능력이 떨어지는 굵은 모래, 암석, 홍토
· 지하수면이 높아 범람이 자주 발생하는 지역
· 유기물질 함량이 낮은 화강암 토양
· 물이 너무 잘 빠지거나 잘 빠지지 않는 토양

지형과 고도

커피 경작에 적합한 지형은 경사가 20° 이하인 언덕이나 기계수확이 용이한 평지다. 경사가 너무 가파르면 토양침식이 일어나거나 사람이 일일이 손으로 직접 수확을 해야 하기 때문에 생산 비용과 단가가 증가할 수 있다. 고지대에서 재배된 아라비카가 저지대에서 재배된 로부스타보다 높은 가격에 거래되는 이유도 이 때문이다.

아라비카는 기온이 낮고 일교차가 큰 지역에서 잘 자라기 때문에 고지대에 적합하며, 로부스타는 고온다습한 지역에서도 재배가 가능해 주로 저지대에서 경작한다.

커피열매는 고지대에서 생산된 것이 저지대에서 생산된 것보다 영양분의 밀도가 높아 향미가 더 풍부하며, 커피의 산미는 재배고도가 높아질수록 강해지는데, 이러한 현상은 고지대의 큰 일교차와 강한 자외선, 복사열에 기인한다. 반대로 기온이 높고 습기가 많은 환경에서 빠르게 익은 열매는 커피 맛의 중요한 요소인 단맛에 부정적인 영향을 줄 수 있다.

기온과 일조량

커피나무의 생육은 기온의 영향을 많이 받는다. 커피산지의 낮 기온은 22℃ 이하, 밤 기온은 18℃ 이상, 일교차는 19℃ 이하인 것이 좋다. 기온이 30℃를 넘으면 엽록소가 파괴되어 꽃이 금방 시들고 열매를 맺지 못할 뿐 아니라 높은 기온으로 인해 커피녹병이 번성하고 노화가 빠른 속도로 진행되어 수명이 줄어들 가능성이 높다. 또한 커피나무는 내한성이 약해 기온이 너무 낮으면 잎이 누렇게 변색되고 나무의 성장저하를 유발해 수확량이 감소할 수 있다.

커피열매를 수확하기 위해서는 연간 2,200~2,400시간의 일조량이 필요하지만 지나치게 강한 햇볕과 열에는 약하기 때문에 셰이드 트리를 심어 그늘을 만들어 주기도 한다. 로부스타보다는 아라비카가 기온과 일조량에 더 민감하게 반응하는 편이다.

강우량

커피나무가 잘 자라기 위해서는 연평균 1,400~1,600mm의 강우량이 필요하다. 강우량이 너무 많으면 토양 침식이 일어나고, 수확 후 건조 작업을 할 때 걸림돌이 되므로 3,000mm를 넘는 지역은 커피 재배를 피하는 것이 좋다.

아라비카, 로부스타 모두 건조한 환경에 잘 견디는 내구력을 지니고 있지만 꽃이 피는 개화기와 열매를 맺는 시기에는 적당량의 비가 지속적으로 내려야 잘 익은 열매를 수확할 수 있다. 강우량이 1,000m 이하면 관개시설을 이용해 인공적으로 커피나무에 물을 공급해야 하고, 800mm 이하면 수확을 기대하기 어렵다.

습도

구름이나 안개가 많은 지역은 건기에 부족한 강우량을 습기로 일부 보충하기도 한다. 하지만 습도가 85% 이상이면 나뭇잎에 곰팡이가 생겨 커피품질에 나쁜 영향을 줄 수 있다. 커피 재배에 적합한 습도는 아라비카가 약 60%, 로부스타가 70~75% 수준이다.

| TIP | 커피 체인coffee chain이란? |

생산국에서 재배, 수확, 가공된 커피가 소비국으로 건너가 로스팅되고 추출된 후 최종 소비자에게 전달되기까지의 과정을 일컬어 커피 체인이라고 한다. 커피는 생산자, 유통업자, 로스터, 바리스타, 커퍼 등 각 단계에 속한 전문가들의 손을 거쳐 만들어지는데, 최근 획일화된 대량 생산 방식에서 벗어나 커피가 지닌 고유의 특성과 원산지 정보의 중요성이 대두되면서 커피 체인에 대한 논의도 활발히 이루어지고 있다. 비슷한 의미로 '커피열매가 여러 단계를 거쳐 한 잔의 커피로 우리에게 오기까지의 과정'을 뜻하는 빈 투 컵bean to cup, 씨드 투 컵seed to cup이라는 표현이 있다.

TIP 　　　　　커피나무 병충해

전 세계 커피 생산국에서 보고된 커피 병충해는 그 종류만 해도 800여개에 달한다. 그중 커피품질과 생산량에 가장 큰 영향을 미치는 병충해는 크게 세 가지다.

커피열매 천공충 Coffee Berry Borer, CBB
커피열매 안에 부화하여 생두를 갉아먹고 구멍을 내는 벌레로, 성충이 된 후에도 다른 열매를 옮겨 다니며 커피나무의 생장을 방해한다. 커피열매 천공충이 지나간 자리에 구멍이 생긴 생두를 결점두의 일종인 '벌레 먹은 콩insect damaged bean'으로 분류한다. 커피열매 천공충은 '브로카Broca'라고도 한다.

커피열매병Coffee Berry Disease, CBD
커피나무에 가장 치명적인 질병 중 하나로, 커피열매가 익어가는 과정에서 곰팡이 균의 공격을 받아 나뭇가지에 매달린 채로 썩는 병이다. 곰팡이에 감염된 열매는 색깔이 검게 변하고 그대로 말라버려 더 이상 자라지 않는다. 전파 속도가 빨라 감염 범위가 확대되면 수확에도 큰 타격을 미친다. 기온이 낮은 고지대에서 빈번하게 발생하며 비교적 쉽게 육안으로 식별할 수 있다.

커피녹병Coffee Leaf Rust, CLR
흔히 '로야Roya'라는 이름으로 알려진 커피녹병은 색소 병변을 일으키는 곰팡이 균 '헤밀레이아 바스타트릭스Hemileia Vastatrix'가 커피나무 잎에 번식하여 색이 누렇게 변하는 질병이다. 이 균은 커피나무의 광합성을 방해하고 열매가 채 맺기도 전에 말라 죽게 만들어 생산량의 급격한 감소를 초래한다. 커피녹병은 커피열매병과 달리 고온다습한 저지대에서 주로 나타나며, 기후변화와 지구 온난화 현상으로 인해 발병 위험이 더욱 높아지는 추세다.

수확

커피열매의 수확 시기는 생산국마다 다르며, 한 나라 안에서도 고도나 기후에 따라 지역별로 차이를 보인다. 콜롬비아와 케냐는 일 년에 두 번 수확하며, 과테말라, 인도, 에티오피아 등 북반구에 위치한 나라는 10~2월, 브라질, 페루, 짐바브웨 등 남반구에 위치한 나라는 6~10월이 주 수확기다.

국가별 수확기

생산국	수확기
브라질	3~8월
콜롬비아	2~6월 / 9~11월
볼리비아	4~9월
페루	9~10월
코스타리카	11~3월
니카라과	11~3월
과테말라	11~3월
엘살바도르	11~3월
온두라스	11~3월
도미니카공화국	9~3월
인도	9~12월
에티오피아	9~1월
케냐	5~7월 / 10~2월
탄자니아	6~9월
르완다	4~10월
인도네시아	6~8월 / 12~2월

수확 방법

커피열매를 수확하는 방법은 크게 사람이 하는 수확manual Harvesting과 기계가 하는 수확 mechanical Harvesting으로 나뉘며, 이중 사람이 하는 수확은 핸드픽킹Hand picking과 스트리핑Stripping으로 나눌 수 있다.

핸드픽킹

가장 오래된 수확방식으로, 농부들이 일일이 손으로 잘 익은 열매만 골라 수확하는 방법이다. 주로 기계수확이 어려운 지역에서 많이 사용하며, 농부 한 명이 하루 평균 50~120kg의 열매를 수확한다.

장점	단점
·성숙도가 높은 열매만 선별적으로 수확해 품질이 우수하고 균일하다.	·수확이 여러 번에 걸쳐 이루어지므로 작업 난이도가 높다. ·작업 속도가 느리다. ·인건비가 많이 든다.

스트리핑

커피나무 밑에 천을 깐 나뭇가지에 달린 열매를 손으로 훑어 따는 방식이다. 핸드픽킹과 마찬가지로 수작업으로 진행되며 기계수확이 어려운 지역에서 주로 사용된다. 농부 한 명이 하루 평균 120~250kg의 열매를 수확하며 잘 익은 열매만 따로 선별해 판매한다.

장점	단점
· 작업 속도가 빠르다. · 인건비가 적게 든다.	· 열매를 성숙도와 상관없이 한 번에 수확하기 때문에 품질이 고르지 못하다. · 커피나무에 손상을 입힐 수 있다. · 적절한 수확시기를 결정하기 어렵다.

기계수확

기계를 이용해 열매를 수확하는 방법이다. 브라질에서 처음 개발됐으며 주로 경작지가 평평하고 커피나무 사이의 간격이 넓은 곳 또는 임금이 비싸거나 노동력이 부족한 곳에서 많이 사용한다. 기계는 커피나무를 따라 이동하면서 유리섬유나 나일론으로 된 막대로 나무에 진동을 주어 잘 익은 열매만 떨어뜨리고, 떨어진 열매를 한데 모은 후 압축공기를 분사시켜 잔가지나 나뭇잎 등의 이물질을 제거한다. 기계의 높이와 폭은 커피나무의 키와 나무들 사이의 간격에 따라 조절할 수 있다.

장점	단점
· 인건비가 적게 든다. · 많은 양의 열매를 한 번에 수확할 수 있다.	· 선택적인 수확이 불가능하며, 추가적인 선별 작업을 거쳐야 한다. · 열매의 성숙도가 균일하지 않아 커피품질이 떨어진다. · 커피나무에 손상을 입힐 수 있다. · 고가의 장비를 구입해야 하는 부담이 있다.

가공

커피 향미는 품종 고유의 유전적 특징과 고도, 기후, 토양 등의 환경적 요소, 그리고 수확 후 가공 과정이 결합해 만들어진다. 특히 가공, 즉 프로세싱processing은 생산자와 구매자의 의도에 맞는 커피 맛을 구현하는 데 중요한 역할을 한다. 커피는 수확한 열매를 어떻게 가공하느냐에 따라 맛 차이가 확연히 나기 때문이다. 가공 과정에 문제가 발생하면 커피 향미에 치명적인 결함이 발생해 전체적인 품질을 떨어뜨릴 수 있지만, 반대로 커피가 지닌 잠재력을 최대치로 끌어올릴 수도 있다.

전통적으로 생두를 가공하는 방식에는 내추럴 프로세스와 워시드 프로세스가 있지만, 최근 이상기후와 병충해 문제가 심각해지고, 점차 다채롭고 개성 있는 커피를 찾는 소비자들이 늘어나면서 새롭고 독특한 가공방식을 개발하기 위한 움직임이 활발히 전개되고 있다.

내추럴 프로세스Natural process

수확한 커피열매를 파티오patio라는 마당처럼 생긴 건조장이나 아프리칸 베드African bed라고 불리는 건조대에 펼쳐 햇볕에 말린 후 탈곡하는 방식이다. 주로 물 공급이 어렵고 넓은 평지가 있거나 건기와 우기의 구분이 뚜렷하고 일조량이 풍부한 곳에서 볼 수 있다. 수확한 열매를 그대로 건조하거나 키질로 흙이나 돌, 나뭇가지 등의 이물질을 제거한 후 가벼운 열매와 무거운 열매로 나눠 건조하기도 한다.

워시드 프로세스에 비해 물 사용량이 적어 친환경적이지만 건조시간이 오래 걸리고 노동력이 많이 들며, 과발효가 일어나 자칫 결점두가 발생할 위험이 있다. 그만큼 내추럴 프로세스는 균일한 품질을 유지하기 어렵지만 발효 과정만 잘 관리하면 오히려 발효 과정에서 생긴 유기물과 미생물로 인해 워시드 커피보다 복합적인 향미와 풍부한 바디를 지닌 좋은 품질의 내추럴 커피를 얻을 수 있다. 내추럴 커피는 커피열매의 껍질과 과육 성분이 생두에 흡수되어 단맛도 상대적으로 강한 편이다. 브라질, 에티오피아, 인도네시아, 예멘 등지에서 많이 사용되며, 로부스타를 생산하는 지역에서는 대부분 이 방법으로 커피를 가공한다.

워시드 프로세스 Washed process

수확한 커피열매에서 덜 익은 열매와 불순물을 걸러내 껍질과 과육을 벗겨낸 후 파치먼트에 남아있는 점액질을 세척해 건조하는 방식이다. 물이 풍부하고 발효탱크 등의 설비가 갖춰진 곳에서 볼 수 있으며, 건조시간이 짧아 대규모 생산이 용이하다는 장점이 있다. 하지만 과도한 물 낭비와 폐수로 인한 환경오염이 우려되는 만큼 기존의 가공방식을 새롭게 개선하려는 노력이 이루어지고 있다.

워시드 프로세스에서 껍질과 과육을 벗겨내는 작업은 펄핑pulping이며, 이후 점액질은 생두를 일정시간 발효탱크에 담가 효소에 의한 자연발효로 제거하거나, 점액질 제거기를 이용한 물리적 방법, 또는 수산화나트륨을 이용한 화학적 방법으로 제거한다.

일반적인 워시드 프로세스를 풀리 워시드Fully washed라고 하며, 이밖에도 세미 워시드Semi washed와 더블 워시드Double washed가 있다. 워시드 커피는 내추럴 커피에 비해 단맛과 바디는 약하지만 전반적인 품질이 균일하며 깨끗하고 부드러운 맛과 산뜻하고 밝은 산미가 특징이다.

세미 워시드

커피열매의 껍질과 과육을 완전히 제거한 후 발효 과정을 거치지 않고 파치먼트 상태 그대로 건조하는 방식이다. 주로 해발고도가 낮은 지역의 농장에서 생두를 효율적으로 가공하기 위해 사용한다.

더블 워시드

커피열매에서 껍질과 과육을 벗겨낸 파치먼트를 발효탱크에 담가 남아있는 점액질을 제거한 후, 한 번 더 발효시키는 방식이다. 1차 발효 때 미처 씻어내지 못한 점액질을 완전히 없애 쓴맛이 적으며 커피 향미가 깔끔하고 선명한 것이 특징이다. 보통 건식발효와 습식발효를 혼합해 사용하며 발효시간은 지역마다 다르다. 대표적으로 케냐의 이중발효를 들 수 있다.

펄프드 내추럴 프로세스 Pulped natural process

커피열매에서 껍질과 과육을 벗겨낸 파치먼트를 점액질이 남아있는 상태로 건조하는 방식으로, 내추럴 프로세스와 워시드 프로세스의 중간 형태라고 볼 수 있다.

펄프드 내추럴 커피는 건조 과정에서 점액질의 당 성분이 생두에 흡수되어 일반적인 워시드 커피에 비해 단맛과 바디, 산미가 강한 편이다.

유사한 방식으로 코스타리카에서 내추럴 커피의 품질 개선을 위해 고안된 허니 프로세스 Honey process가 있다. 파치먼트에 붙어 있는 점액질이 마치 꿀 같다고 해 붙여진 이름이다. 라틴 문화권에 속하는 커피 생산국에서는 스페인어로 꿀이라는 뜻의 미엘 프로세스 Miel process라고 부른다. 허니 프로세스로 가공한 커피는 과육 양에 따라 건조기간과 색깔이 달라지며, 단계별로 블랙, 레드, 옐로우, 화이트로 구분할 수 있다.

블랙 허니 Black honey
커피열매의 껍질과 과육을 10%가량 제거한 후 말린 커피.
커피열매의 껍질과 과육을 20~40%가량 제거한 후 하루는 햇볕에서, 하루는 그늘에서 건조하는 과정을 반복하여 단맛을 최대치로 끌어올린 커피. 다른 허니 프로세스에 비해 건조기간이 2배 이상 걸린다.

레드 허니 Red honey
커피열매의 껍질과 과육을 20~40%가량 제거하여 파치먼트가 붉은 빛을 띠는 상태로 말린 커피. 점액질이 많이 남아있어 내추럴 커피와 비슷한 향미를 가진다.

옐로우 허니 Yellow honey
커피열매의 껍질과 과육을 60~80%가량 제거하여 파치먼트가 노란빛을 띠는 상태로 말린 커피. 점액질이 적게 남아있어 워시드 커피와 비슷한 향미를 가진다.

화이트 허니 White honey
커피열매의 껍질과 과육을 90%가량 제거한 후 말린 커피.

기타

알마 네그라 Alma negra
커피열매를 일정 기간 비닐 백에 넣어 그늘에 두었다가 햇볕에 꺼내 말리는 방식. 커피열매를 파티오에 두껍게 쌓아놓거나 비닐을 덮은 채 건조 숙성하며, 과발효되는 것을 막기 위해 중간에 한 번씩 뒤집어 준다. 일반적인 가공방식에 비해 시간은 오래 걸리지만 발효 과정에서 점액질의 당분이 생두에 스며들어 당도가 높아진다.

길링 바사 Giling basah
인도네시아 수마트라 섬에서 사용하는 전통적인 가공방식으로 '젖은 파치먼트'라는 뜻이다. 길링 바사는 워시드 프로세스와 내추럴 프로세스를 결합한 일종의 세미 워시드 프로세스로, 웻 헐링 Wet hulling이라고도 한다. 수확한 커피열매의 껍질과 과육을 벗겨내 수분 함량이 30~40%가 될 때까지 건조한 다음 탈곡 과정을 거쳐 햇볕에 한 번 더 말리는 방식이다. 건조기간이 짧아 비가 많이 오는 지역에서도 사용할 수 있으며, 발효과정이 생략돼 과도한 물 낭비와 폐수로 인한 환경오염을 막을 수 있다는 장점이 있다. 길링 바사로 가공한 커피는 전체적으로 밸런스와 바디가 좋고 스파이시 계열의 독특한 향미가 나는 것이 특징이다.

건조

생두는 보관과정에서 미생물이 증식할 수 있으므로 건조 작업을 통해 수분함량을 낮춰야 한다. 보통 60~65%의 수분함량을 12%로 낮추는데, 수분함량이 12%보다 낮으면 탈곡할 때 생두가 깨지고 반대로 12%보다 높으면 품질이 떨어지기 때문이다. 건조방법은 크게 햇볕, 온실, 기계 세 가지로 나뉘며, 건조 온도는 열매 상태에서 45℃, 파치먼트 상태에서 40℃를 넘지 않는 것이 좋다.

햇볕 건조 Sun Dry

커피열매나 파치먼트를 햇볕에 그대로 말리는 방식. 건조기간은 보통 4~10일 정도 걸리지만 기온, 습도, 일조량 등 환경적 요인에 따라 다르다. 햇볕 건조의 세부 방식에는 파티오 건조와 테이블 건조가 있다.

파티오 건조

파티오는 콘크리트나 아스팔트, 타일이 깔린 건조장을 뜻하는 말로, 이곳에 커피열매와 파치먼트를 펼쳐놓고 말리는 방식을 파티오 건조라고 한다. 건조기간은 파치먼트가 7~15일, 열매가 12~21일 정도 소요되며, 30~40분마다 한 번씩 갈퀴로 뒤집어 골고루 건조시킨다. 밤에는 이슬이나 비에 젖지 않도록 한곳에 모아놓고 플라스틱 시트를 덮어둔다. 단위 면적당 작업량은 많지만 날씨에 영향을 많이 받는다는 단점이 있다.

테이블 건조

커피열매와 파치먼트를 그물 건조대 위에 펼쳐놓고 말리는 방식이다. 주로 파치먼트 건조에 사용되며 건조기간은 5~10일 정도 소요된다. 시멘트가 부족해 파티오를 조성하기 힘든 아프리카에서 처음 시작됐으며 아프리칸 베드라고도 불린다. 통풍이 원활하고 오염이 적어 고품질 커피 생산에 많이 쓰이며, 결과물이 균일하고 건조속도가 빠르다는 장점이 있지만 파티오 건조에 비해 단위 면적당 작업량이 적고 많은 노동력을 필요로 한다는 단점이 있다.

온실 건조 Plastic Shed

투명한 비닐 지붕을 씌운 온실에 파티오나 테이블을 설치해 놓고 그 위에 커피열매와 파치먼트를 펼쳐 말리는 방식이다. 이슬이나 비로부터 커피열매와 파치먼트를 보호할 수 있으며, 햇볕이 잘 들어오고 내부 온도가 10~15℃로 유지되어 건조가 용이하다는 장점이 있다. 수분은 환풍기를 통해 배출하는데, 비용이 많이 들어 주로 규모가 작은 농장이나 고품질 커피를 생산하는 곳에서 사용한다.

기계 건조 Mechanical Dry

수직이나 수평으로 된 드럼형 건조기에 파치먼트를 넣고 수분함량이 12%가 될 때까지 40°C의 열풍으로 말리는 방식이다. 주로 대량 생산을 하는 대규모 농장에서 균일한 품질을 유지하기 위해 사용한다. 건조기의 종류는 형태에 따라 회전형과 고정형으로 나뉘며, 작업 방식은 기계만 사용하는 단일 방식과 햇볕에 먼저 말린 다음 기계를 사용해 한 번 더 말리는 복합 방식이 있다.

커피산지

커피벨트

커피 생산지를 북회귀선과 남회귀선 사이 적도 부근에 띠 모양을 이루고 있다 하여 커피벨트라고 부른다. 커피산지는 각 대륙별 커피존에 골고루 속해 있으며, 커피 재배에 적합한 20℃ 안팎의 기온과 연평균 1,500~1,600mm의 강우량, 유기질이 풍부한 비옥토 등의 조건을 갖추고 있다. 전 세계 커피 생산국은 약 60여 개에 달하며, 대표적으로 브라질, 콜롬비아, 인도, 베트남, 에티오피아, 케냐 등이 있다.

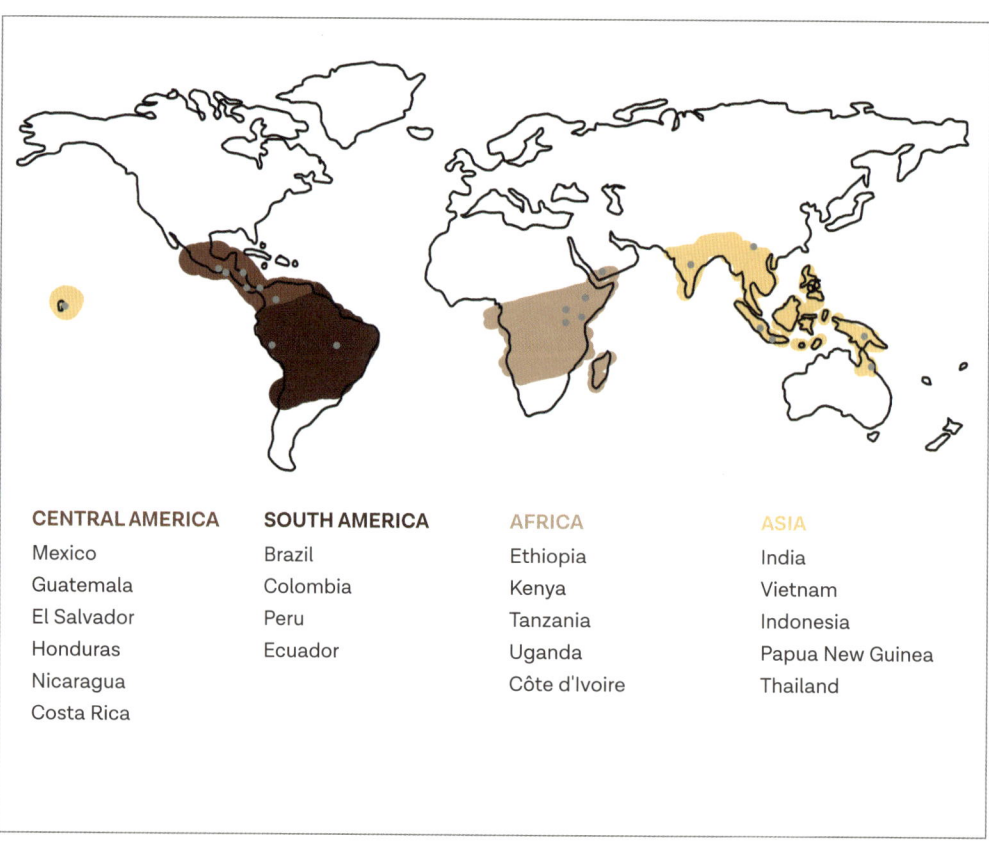

CENTRAL AMERICA
Mexico
Guatemala
El Salvador
Honduras
Nicaragua
Costa Rica

SOUTH AMERICA
Brazil
Colombia
Peru
Ecuador

AFRICA
Ethiopia
Kenya
Tanzania
Uganda
Côte d'Ivoire

ASIA
India
Vietnam
Indonesia
Papua New Guinea
Thailand

TIP 커피 이름의 의미

원두나 생두 포장지에 적힌 커피 이름은 각 커피에 관한 정보를 파악할 수 있는 중요한 수단이다. 이름을 붙이는 방법은 나라마다 농장마다 심지어 로스터리마다 제각각이지만, 생산국, 생산지역, 수출항, 등급 등을 표시하는 것이 일반적이다. 이밖에도 품종, 가공방식, 농장, 생산자, 생산연도, 향미 특징 등의 정보를 기재하기도 한다.

생산국+생산지역 ex. 에티오피아 예가체프
생산국+수출항 ex. 브라질 산토스
생산국+농장+품종 ex. 파나마 에스메랄다 게이샤
생산국+등급 ex. 케냐 AA

커피 등급 구분

커피의 등급은 통상적으로 생산고도와 생두에 포함된 결점두 수, 생두 크기를 뜻하는 스크린사이즈screensize 등에 따라 나뉜다.

생산고도에 따른 분류

커피는 고지대에서 재배한 것일수록 좋은 평가를 받기 때문에 생산고도가 높은 커피에 높은 등급을 부여한다.

생산국	등급	생산고도
멕시코	SHG(Strictly High Grown)	1,700m 이상
	HG(High Grown)	1,000~1,600m
	PW(Primed Washed)	700~1,000m
	GW(Good Washed)	700m 이하
과테말라	SHB(Strictly Hard Bean)	1,600~1,700m
	HB(Hard Bean)	1,200~1,400m
	SHB(Semi Hard Bean)	1,200~1,300m
	FHB(Fancy Hard Bean)	1,500~1,600m
	EP(Extra Prime)	900~1,100m
	EGW(Extra Good Washed)	700~850m
	GW(Good Washed)	700m
	PW(Primed Washed)	600~900m
코스타리카	SHB(Strictly Hard Bean)	1,200~1,650m
	GHB(Good Hard Bean)	1,100~1,250m
	HGA(High Grown Atlantic)	900~1,200m
	HB(Hard Bean)	800~1,100m
	MGA(Medium Grown Atlantic)	600~900m
	MHB(Medium Hard Bean)	500~1,200m
	P(Pacific)	400~1,000m
	LGA(Low Grown Atlantic)	200~600m
온두라스, 엘살바도르	SHG(Strictly High Grown)	1,500~2,000m
		1,200~2,000m
	HG(High Grown)	1,000~1,500m
		900~1,200m
	CS(Central Standard)	900~1,000m
		900m 미만

스크린사이즈에 따른 분류

생산국에서는 스크리닝screening이라는 작업을 통해 생두를 크기별로 분류한다. 스크리닝은 스크리너screener라고 하는 체 위에 생두 300g을 올린 후 진동을 가해 걸러내는 방식으로 이루어지며, 스크리너에는 스크린사이즈별로 일정한 크기의 구멍이 나 있다. 스크린사이즈 1은 폭이 약 0.4mm이며, 생두의 스크린사이즈가 일정하다는 것은 그만큼 가공 과정에서 생두가 세심히 다뤄졌다는 뜻이다. 커피의 등급을 스크린사이즈 기준으로 나누는 방법을 케냐 분류법Kenyan Grading System이라고 한다.

생산국	등급	특징
케냐	E(Elephant)	스크린사이즈 18 이상
	AA	스크린사이즈 18
	A	스크린사이즈 17
	B	스크린사이즈 15
	AB	A등급과 B등급이 섞여 있음
	C	AB 등급 이하
	T	가장 작고 가벼움
	TT	AA, AB, E 등급에서 제외된 작고 가벼운 생두
콜롬비아	Patio Bonito	스크린사이즈 17 이상
	Supremo	스크린사이즈 17
	Excelso	스크린사이즈가 16인 수출용 생두
	U.G.Q(Usual Good Quality)	스크린사이즈 15~16
	Caracolillo	스크린사이즈 12
하와이	Kona Extra Fancy	스크린사이즈 19, 생두 300g당 결점두 수 10개 이내
	Kona Fancy	스크린사이즈 18, 생두 300g당 결점두 수 16개 이내
	Kona No.1 Peaberry	스크린사이즈 10, 생두 300g당 결점두 수 20개 이내
	Kona Prime	생두 300g당 결점두 수 25개 이내
탄자니아	AMEX	스크린사이즈가 17~18이지만 클린컵 판정을 받지 못한 생두
	AMEX Plus	스크린사이즈가 19 이상이며 클린컵 판정을 받은 생두
인도	Plantation AA	스크린사이즈 17 이상
	Plantation A	스크린사이즈 16
	Plantation B	스크린사이즈 15
	Plantation C	스크린사이즈 14

결점두 수에 따른 분류

커피의 등급을 결점두 수로 분류하는 국가는 대표적으로 에티오피아, 브라질, 인도네시아가 있으며, 생두 300g당 결점두 수가 적을수록 높은 등급을 부여한다. 하지만 결점두 수가 많다고 해서 무조건 품질이 나쁜 커피는 아니다. 내추럴 프로세스의 경우 가공방식의 특성상 결점두가 많이 발생하지만 내추럴 커피 특유의 독특한 향미가 좋은 평가를 받기도 한다. 때문에 단순히 결점두 수만 가지고 품질을 판단하기보다 가공방식을 고려해 결정하는 것이 바람직하다.

생산국	등급	결점두 수(생두 300g 기준)
인도네시아	Grade 1	11개 이하
	Grade 2	12~25개
	Grade 3	26~44개
	Grade 4a	45~60개
	Grade 4b	61~80개
	Grade 5	81~150개
	Grade 6	151~225개
브라질	No.2	4개 이하
	No.3	5~12개 이하
	No.4	13~26개 이하
	No.5	27~46개 이하
	No.6	47~86개 이하
에티오피아	G1	3개 이하
	G2	4~12개 이하
	G3	13~25개 이하
	G4	26~45개 이하
	G5	46~100개 이하
	G6	101~153개 이하
	G7	154~340개 이하
	G8	341개 이상

| TIP | 스페셜티 커피란? |

흔히 품질이 좋은 커피를 뜻하는 말로 통용되는 스페셜티 커피의 기준은 평가기관에 따라 조금씩 다르지만, 일반적으로 스페셜티커피협회Specialty coffee Association, SCA의 커핑 점수를 기준으로 80점 이상이면 스페셜티 커피라고 정의한다. 스페셜티 커피는 다른 등급의 커피에 비해 비교적 좋은 환경 조건에서 재배되어 품질과 향미가 뛰어나며, 생산 및 유통 과정이 투명하여 이력추적이 가능하다는 장점이 있다.

스페셜티커피협회의 등급 기준

등급	명칭	결점두 수(생두 300g 기준)	커핑 점수
Class 1	Specialty Coffee	0~5개	90점 이상
Class 2	Premium Grade	6~8개	80~89점
Class 3	Exchange Grade	9~23개	70~79점
Class 4	Below Standard Grade	24~86개	60~69점
Class 5	Off Grade	87개 이상	50~59점

주요 산지별 커피의 특징

중앙아메리카

중앙아메리카에서 생산된 커피는 대체로 바디는 약하지만 산미가 좋고 향이 뛰어난 것이 특징이다.

멕시코 Mexico

멕시코에는 1785년경 처음 커피가 들어왔을 것으로 추정되며, 지리적 특성상 주로 남쪽에 위치한 치아파스Chiapas, 오악사카Oaxaca, 베라크루즈Veracruz 등지에서 커피를 생산한다. 멕시코 커피는 지역별로 다양한 향미특징을 지니며 최근 들어 유기농 인증, 공정무역 인증 등을 폭넓게 도입하는 추세다. 커피의 등급은 재배고도에 따라 나뉘고 해발 1,700m 이상에서 재배된 커피는 알투라Altura라는 명칭을 붙여 특별 관리한다. 주요 품종은 버번, 티피카, 카투라, 마라고이페이며 대부분 워시드 방식으로 가공한다. 멕시코 커피는 전반적으로 맛이 부드러우며 블랜드의 베이스로도 많이 사용된다.

과테말라 Guatemala

과테말라에 처음 커피가 소개된 시기는 1750년대로 추정되며 본격적인 생산은 1800년대에 이르러 시작되었다. 주로 재배되는 품종은 아라비카이며 다른 생산국에 비해 재배지역이 비교적 잘 구분돼 있어 커피의 이력을 추적하기가 용이하다. 또한 전 인구의 약 25%가 커피산업에 종사하며 총 수출액의 30%가량을 커피가 차지하고 있기 때문에 우수한 품질의 커피를 생산하기 위한 정책적인 노력도 활발하게 이루어지고 있다. 대표적인 커피산지로는 아카테낭고Acatenango, 안티구아Antigua, 아티틀란Atitlan, 코반Coban, 프라이하네스Fraijanes, 우에우에테낭고Huehuetenango, 뉴 오리엔테New Oriente, 산 마르코스San Marcos 등이 있다.

엘살바도르 El Salvador

엘살바도르는 1850년대부터 상업적인 커피 생산을 시작했으며 한때 세계에서 네 번째로 많은 커피를 생산할 만큼 주요 생산국으로 각광받기도 했다. 1980년대에 발발한 내전으로 인해 커피산업이 하락세에 접어들었지만, 중미의 다른 생산국과 달리 품질이 뛰어난 아라비카 재래종을 지속적으로 재배해 온데다 미네랄이 풍부한 화산성 토양을 가지고 있어 잠재적인 성장 가능성이 크다. 커피 재배에 필요한 인프라가 비교적 잘 갖춰져 있으며 많은 농장이 마이크로랏Micro Lot 커피를 생산한다. 엘살바도르 커피는 전반적으로 단맛과 복합성이 좋고, 주로 워시드나 펄프드 내추럴 방식으로 가공한다. 주요 품종은 버번, 파카스Pacas이며, 커피는 지역별로 해발 500~2,200m에서 재배되어 10~3월 사이에 수확한다.

온두라스 Honduras

온두라스는 중미에서 가장 많은 커피를 생산하는 나라 중 하나다. 니카라과와 과테말라 사이에 위치해 있으며 1799년에 처음 커피가 들어왔을 것으로 추정된다. 1970년에 설립된 온두라스커피협회 IHCAFE를 통해 품질향상을 위한 다양한 활동이 이루어지고 있다. 커피 재배에 적합한 토양을 지니고 있지만 기후 조건이 좋지 않아 햇볕 건조와 기계 건조를 병행한다. 온두라스 커피는 대부분 대표 산지인 산타 바바라 Santa Barbara의 이름을 따 판매되는데, 일부는 이 지역을 벗어난 곳에서 생산되고 있다. 커피는 해발 1,000~1,600m에서 재배되어 11~4월 사이에 수확하며, 대체로 과일향과 복합성이 뛰어나다.

니카라과 Nicaragua

니카라과에는 1790년 가톨릭 선교사들에 의해 처음 커피가 들어왔으며 1840년부터 1940년까지 약 100년 동안 '커피 호황기'라 불릴 만큼 커피 수출이 국가 경제에 큰 영향을 미쳤다.

하지만 1990년대 말 국제 커피가격이 폭락함에 따라 양보다 질에 초점을 맞춘 커피 생산이 증가했으며, 현재는 주로 카투라, 버번 품종의 커피를 재배하고 있다. 니카라과는 태평양 연안을 중심으로 화산지대가 형성돼 있고 내륙에 큰 호수도 자리해 있어 비옥한 토지와 쾌적한 기후가 커피 재배에 유리한 환경을 조성한다. 대표적인 커피산지로는 누에바 세고비아 Nueva Segovia, 히노테가 Jinotega, 마타갈파 Matagalpa 등이 있으며 등급은 재배고도에 따라 나뉜다.

코스타리카 Costa Rica

코스타리카에 커피가 소개된 계기는 쿠바를 통해서였으며, 19세기 초부터 커피를 재배해 오고 있다. 1821년 스페인으로부터 독립한 이후 무상으로 커피씨앗을 제공하거나 세금을 면제하고 자금을 지원하는 형태로 다양한 커피 생산 장려정책을 펼쳐왔으며, 그 결과 커피품질이 크게 향상되어 국가경제에 중추적인 역할을 하게 되었다. 코스타리카는 국토 중앙의 고원지대와 미네랄이 풍부한 화산토, 연중 온화한 기후가 커피 재배에 최적화된 환경을 제공하고 있으며 같은 지역 내에서도 다채로운 커피를 생산한다. 코스타리카 커피는 약 90%가 중소형 농장에서 재배되며 전반적으로 깔끔하고 달콤하다. 커피의 등급은 재배고도에 따라 9등급으로 나뉘며 대표적인 커피산지로는 따라수 Tarrazu, 트레리오스 Tres Rios, 브룬카 Brunca, 투리알바 Turrialba 등이 있다.

남아메리카

남아메리카는 오랜 커피 생산의 역사를 가지고 있으며, 지금까지도 전 세계 커피 생산량을 좌우하는 중요한 역할을 하고 있다.

브라질 Brazil

브라질은 150년 넘게 세계 최대 커피 생산국의 자리를 지키고 있는 나라다. 전 세계 커피 생산량의 약 1/3가량을 브라질 커피가 차지하고 있으며, 소비국으로서도 세계 2위라는 높은 순위를 기록하고 있다. 브라질에 처음 커피가 들어온 것은 1727년 프랑스령 기아나 Guiana로부터다. 브라질 커피는 광활한 국토만큼이나 다양한 기후와 지형 조건에서 재배되며 카투라, 문도노보, 옐로우 버번, 카투아이 등의 품종을 개발하기도 했다. 브라질은 오랫동안 파티오에 파치먼트를 햇볕 건조하는 방식을 따랐지만 1990년대 초반 펄프드 내추럴 방식을 새롭게 도입하면서 커피품질이 크게 향상되었다. 다른 생산국에 비해 산업화된 대형 농장이 많이 발전했으며 대표적인 커피산지로는 미나스제라이스 Minas Gerais, 상파울루 San Paulo, 바이아 Bahia, 파라나 Parana 등이 있다.

콜롬비아 Colombia

콜롬비아에 처음 커피가 들어온 것은 1723년으로 추정되며, 19세기 말부터 생산 규모가 커지기 시작해 오늘날 세계 3위의 커피 생산국이 되었다. 콜롬비아 커피는 콜롬비아커피생산자협회 FNC의 엄격한 감독 아래 품질관리가 이루어지고 있으며, 1958년 탄생한 콜롬비아 커피 브랜드인 '후안 발데스 Juan Valdez'를 필두로 자국 커피를 알리기 위한 마케팅 활동에 박차를 가하고 있다. 콜롬비아는 묵직한 바디와 초콜릿 향미를 지닌 커피부터 강렬한 과일향이 느껴지는 커피까지 지역별로 다양한 커피를 생산한다. 대표적인 커피산지로는 카우카 Cauca, 우일라 Huila, 나리뇨 Narino 등이 있다.

페루 Peru

페루에 처음 커피가 들어온 시기는 1740~60년대지만 본격적인 커피 수출은 1880년대에 이르러 시작되었다. 1970년대 들어 페루 정부의 지원이 끊기고 공산주의 정당의 게릴라 활동이 확산되면서 커피농장은 훼손되고 품질과 생산성도 큰 타격을 입었지만, 여러 비정부기구들의 도움으로 유기농 인증과 공정무역 인증을 받으면서 커피산업은 다시 회복세를 보이게 되었다. 페루 커피는 전반적으로 단맛과 바디가 좋으며 특유의 부드러움이 마치 밀크 초콜릿을 연상시키는 맛이다. 한국의 약 10배에 달하는 국토 면적에 해발 800~2,500m의 고도가 공존하는 페루는 사막, 해안, 고산, 아마존 등 다양한 기후만큼이나 지역별로 특색 있는 커피를 생산한다. 대표적인 커피산지로는 카하마르카Cajamarca, 후닌Junin, 쿠스코Cusco, 산마르틴San Martin, 푸노Puno 등이 있으며, 페루의 커피 재배는 대부분 3~10ha의 소규모 농장을 소유한 영세농민들에 의해 이루어진다. 이렇게 생산된 커피는 각 지역마다 존재하는 협동조합을 거쳐 생두나 원두, 분쇄커피의 형태로 전 세계 75여 개국에 수출된다.

에콰도르 Ecuador

에콰도르에 처음 커피가 소개된 시기는 1860년대이며, 아라비카와 로부스타를 모두 생산한다. 에콰도르 사람들은 평소 인스턴트커피를 즐겨 마시는데, 자국에서 생산한 커피는 가격이 높아 대부분 베트남에서 수입한 로부스타를 사용한다. 에콰도르는 커피 재배에 적합한 기후와 지형을 갖추고 있으며, 달콤하고 복합적인 향미의 커피가 갈수록 많아지는 추세다. 에콰도르 커피의 약 80%가 내추럴 방식으로 가공되며, 대표적인 커피산지로는 마나비Manabi, 로하Loja, 엘오로El Oro 등이 있다.

Coffee Study

아시아

아시아의 커피 재배는 순례자 바바 부단이 예멘에서 인도로 가져온 커피씨앗을 계기로 시작되어 커머셜 커피의 상당부분을 시장에 공급하고 있다.

인도 India

인도의 커피 생산 역사는 1670년 순례자 바바 부단이 메카에서 돌아오는 길에 예멘에 들러 가져온 일곱 개의 커피씨앗에서 비롯되었다. 영국 식민지 시절인 19세기 중반부터 인도 남부의 커피 생산이 활성화되었으나 1870년대에 발생한 커피녹병의 여파로 많은 농장이 커피 재배에서 차 재배로 작물을 전환했으며, 이는 병충해에 강한 품종 개발 연구로 이어졌다. 인도는 낮은 고도와 기후적 특성으로 인해 많은 양의 로부스타를 생산하며 영세농민에 의해 커피 재배가 이루어지고 있다. 인도 커피는 몬순 커피Monsooned coffee로도 유명하며 대체로 생두 크기가 크고 표면이 매끄러운 녹색을 띠는데 바디가 묵직하고 부드러운 것이 특징이다. 커피의 등급은 가공방식이나 생두 크기를 기준으로 나뉘며, 대표적인 커피산지로는 바바부단기리Bababudangiri, 풀니Pulney, 케랄라Kerala 등이 있다.

베트남 Vietnam

베트남은 브라질 다음으로 많은 양의 커피를 생산하며 그중 상당수가 로부스타다. 베트남에 처음 커피가 들어온 것은 1857년 프랑스 식민지 시절이다. 이전까지는 커피 생산이 대부분 정부 주도하에 고산지대인 부온마투옷Buon Ma Thout에서 이루어졌지만 1986년 '도이 모이Doi Moi'라는 개혁 개방 정책이 시행되면서 대량 생산의 기폭제가 되었다. 최근 몇 년간 아라비카 생산량을 늘리려는 움직임을 보이고 있지만 아직까지는 인스턴트커피에 사용하는 로부스타가 주를 이루고 있다.

인도네시아 Indonesia

인도네시아에 처음 커피가 들어온 계기는 1696년 말라바Malabar의 네덜란드 주지사를 통해서였으며, 1711년 네덜란드 동인도 회사에 의해 본격적으로 수출이 시작되었다. 원래는 아라비카만 생산했지만 1876년 커피녹병이 발생한 후로 로부스타도 생산하게 되었다. 인도네시아의 커피산지는 수마트라Sumatra, 자바Java, 술라웨시Sulawesi 등 큰 섬으로 이루어져 있으며, 미네랄이 풍부한 화산성 토양이 커피 재배에 적합한 환경을 제공한다. 커피는 대부분 워시드 방식으로 가공되지만 길링 바사를 도입한 농장도 일부 존재한다. 커피의 등급은 결점수에 따라 7등급으로 나뉜다.

파푸아뉴기니Papua New Guinea

파푸아뉴기니에 커피나무를 심기 시작한 것은 1890년대지만 커피 생산이 본격적으로 이루어진 것은 1930년대에 자메이카 블루 마운틴 품종이 전파되면서부터다. 파푸아뉴기니 커피 대부분이 남태평양 최고봉인 빌헬름 산Mt. Wilhelm 인근의 하이랜드Highland라는 고원 지대에서 생산된다. 파푸아뉴기니 커피의 약 90%가 영세농민에 의해 재배되며 주로 아라비카. 고품질 커피를 생산하기에는 열악한 인프라지만 높은 고도와 비옥한 토양 등 커피 재배에 적합한 환경 조건을 갖추고 있어 앞으로 성장 가능성이 큰 커피 생산국이다. 등급은 품질에 따라 AA, A, X, PSCPremium Smallholder Coffee, Y 등으로 나뉜다. 커피는 해발 400~1,900m에서 재배해 4~9월 사이에 수확하며, 버번, 티피카, 아루샤Arusha 품종이 주를 이룬다

아프리카

아프리카는 커피의 탄생지인 에티오피아를 비롯해 중부와 동부 지역에 걸쳐 커피 수출시장이 골고루 형성돼 있다.

에티오피아Ethiopia

세계 주요 커피 생산국 중 하나로 '커피의 고향'이라 불릴 만큼 오랜 커피 생산 역사를 지닌 곳이다. 아라비카는 남수단에서 최초로 발견됐지만 에티오피아에 전해져 크게 번성했으며, 인류가 처음 커피를 마시기 시작한 곳도 에티오피아이다. 에티오피아는 1600년대부터 예멘과 중동 지역에 커피를 수출했으며 1950년대에 이르러 커피산업이 구조적으로 큰 변화를 겪으면서 새로운 등급체계가 도입되었다. 에티오피아는 워시드 커피와 내추럴 커피를 모두 생산하는데, 둘 다 다채롭고 독특한 향미를 지니고 있으며 그중에서도 꽃향기와 과일향은 '에티오피아 커피' 하면 연상될 만큼 대표적인 특징이다. 주요 커피산지로는 시다모Sidamo, 리무Limu, 짐마Djimmah, 하라Harrar, 예가체프Yirgacheffe 등이 있다.

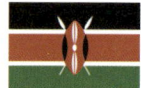

케냐Kenya

케냐는 1983년 프랑스 선교사들이 레위니옹 섬에서 들여온 커피나무를 계기로 1896년부터 커피 생산을 시작했다. 초기에는 영국인이 운영하는 대형 농장에서 주로 커피를 재배했지만 1950년대 들어 농업법이 통과됨에 따라 영세농장을 주축으로 한 커피 생산이 본격화되었다. 1963년 독립 이후 커피산업에 대한 국가적 지원이 활발해지면서 다방면에 걸쳐 커피 연구와 교육 활동이 이루어졌다. 케냐커피위원회Coffee Board of Kenya, CBK에서 운영하는 경매 시스템은 생산자들에게 비교적 합당한 대가를 보장하고 있다. 케냐 커피는 케냐 분류법을 따라 생두 크기를 기준으로 등급을 나누며, 대표적인 커피산지로는 니에리Nyeri, 나카루Nakaru, 키시이Kisii 등이 있다. 케냐 커피는 대체로 복합성이 뛰어나고 단맛과 산미가 좋다는 평가를 받는다.

탄자니아Tanzania

탄자니아는 16세기에 처음 에티오피아로부터 커피를 들여왔다고 전해지며, 커피는 로부스타였을 것으로 추정된다. 과거 하야Haya 족과 차가Chagga 족에 의해 이루어지던 커피 재배는 1925년 탄자니아 최초의 협동조합인 킬리만자로 원주민재배자협회Kilimanjaro Native Planter's Association, KNPA가 출범하면서 새로운 전기를 맞이했으며 1900년대부터 생산자와 직접 거래하는 것이 가능해졌다. 탄자니아 커피의 약 90%는 영세농민이 생산하며, 이 중 아라비카는 약 70%, 로부스타는 약 30%다. 탄자니아 커피는 복합적인 과일향과 뚜렷한 산미가 특징이며, 케냐 분류법과 비슷한 영국식 명명법을 기준으로 등급을 나눈다. 대표적인 커피산지로는 킬리만자로Kilimanjaro, 아루샤Arusha, 음베야Mbeya 등이 있다.

우간다Uganda

커피는 우간다의 주요 수출품 중 하나로 대부분 로부스타이며 일부 지역에서 아라비카를 재배한다. 우간다는 영국 식민지 시절인 2차 세계대전 이후 처음으로 커피 경작을 시작했으며 커피는 정부의 철저한 통제 하에 생산되다 1990년대에 이르러 자유화되었다. 수확은 9~12월 사이에 이루어지며, 로부스타는 맛이 단조로우면서도 쓴맛이 강해 인스턴트커피나 블랜드의 베이스로 많이 사용된다. 아라비카는 1900년대초 유럽 정착민들에 의해 본격적인 재배를 시작했으며, 대표적으로 케냐와의 국경지대에서 생산하는 부기수Bugisu 커피를 들 수 있다. 부기수 커피는 UTZ 인증을 받은 유기농커피로, 신맛이 적고 묵직한 맛이 난다. 우간다의 대표적인 커피산지로는 동부의 켑초와Kepchorwa, 서부의 브센이Busheryi, 북서부의 넵비Nebbi, 남서부의 두루가Drugar 등이 있다.

| TIP | 세계 주요 고급 커피 |

파나마 게이샤 Panama Geisha

19세기 초 유럽인들에 의해 처음 커피 재배를 시작한 파나마는 생산 규모는 작지만 고품질 커피를 생산하는 것으로 잘 알려져 있다. 독특한 기후적 특성을 파나마는 상당수의 생산자들이 스페셜티 커피 생산에 전념하고 있으며 뛰어난 품질 덕분에 커피 가격도 상대적으로 높게 형성돼 있다. 특히 라 에스메랄다 La Esmeralda 농장에서 재배한 게이샤는 강렬한 꽃향기와 시트러스 향이 매년 최고가를 경신할 만큼 많은 커피 애호가들의 관심을 받고 있다.

블루 마운틴 Blue Mountain

자메이카를 대표하는 커피산지로, 세인트앤드류 Saint Andrew, 세인트토마스 Saint Thomas, 포틀랜드 Portland, 세인트메리 Saint Mary 등지에서 커피를 생산한다. 이 지역에서 생산된 커피는 재배고도를 기준으로 등급을 엄격히 구분해 관리하는데, 총 4개 등급으로 나뉘며 그 중 해발 900~1,500m에서 재배된 커피를 블루 마운틴이라고 한다. 수확은 6~7월 사이에 이루어지며, 주요 품종은 티피카와 여기서 파생된 품종인 자메이카 블루 마운틴이다. 블루 마운틴은 오랫동안 일본으로 주로 수출됐으며 마대자루 대신 목재통에 담아 운송한다는 점이 독특하다. 블루 마운틴은 생산량이 매우 적어 상당히 비싼 가격에 거래된다.

모카 마타리 Mocha Mattari

예멘의 주요 산지 중 하나인 사나 Sanaa에서 생산된 마타리 Mattari 품종의 커피. 미디리라는 이름은 사나 인근의 바니 마타르 Bani Mattar라는 지역명에서 유래했다. 사나는 예멘에서 가장 큰 커피산지이며, 해발 1,500~2,000m의 고지대에서 커피를 생산한다. 산미와 바디, 애프터테이스트가 뛰어나 자메이카 블루 마운틴, 하와이 코나와 함께 세계 3대 커피로 꼽힌다.

코나 Kona

하와이의 주요 산지 중 하나로, 세계에서 가장 유명한 커피산지이기도 하다. 총 600여 개가 넘는 영세농장이 위치해 있으며 단위 면적당 생산량도 매우 높은 축에 속한다. 해발 150~900m에서 재배된 커피는 8~1월 사이에 수확하며, 대부분 농장 규모가 작아 핸드 피킹 방식으로 수확한다. 품종은 주로 티피카이며 고급스러운 산미와 향을 지닌 것이 특징이다. 하와이는 법에 따라 모든 코나 블랜드에 코나 커피의 함량을 표시하도록 되어 있다.

Coffee Study

PART 2

커피 추출

커피 추출의 이해

커피 추출은 물과 분쇄원두를 접촉시켜 커피의 가용성분을 뽑아내는 과정이다. 추출 방식은 압력과 열을 얼마나 가하느냐에 따라 크게 달임식, 침출식, 가압식, 여과식으로 나뉘며, 우리가 흔히 접하는 에스프레소는 가압식, 브루잉 커피는 여과식 또는 침출식에 해당된다. 대표적인 달임식 커피로는 터키식 추출도구인 이브릭Ibrik으로 추출한 터키쉬 커피가 있다. 이번 파트에서는 다양한 커피 추출 방식과 함께 커피 추출의 핵심 요소를 살펴본다.

달임식

침출식

가압식

여과식

추출 방식의 종류

달임식 분쇄원두를 물과 함께 끓여 커피성분을 추출하는 방식이다. 터키쉬 커피가 대표적이다.

침출식 침지식이라고도 한다. 분쇄원두를 일정 시간 뜨거운 물이나 차가운 물에 담가 커피성분을 우려내는 추출 방식이다. 프렌치프레스 커피가 대표적이다.

가압식 분쇄원두에 고온 고압의 물을 통과시켜 커피성분을 추출하는 방식이다. 에스프레소와 모카포트 커피가 대표적이다.

여과식 투과식이라고도 한다. 분쇄원두를 종이나 천, 금속으로 된 필터에 담고 물을 부어 중력의 힘으로 커피성분을 추출하는 방식이다. 핸드드립 커피가 대표적이다.

에어로프레스처럼 침출식, 여과식, 가압식이 융합된 형태의 추출 도구도 있다.

커피 추출의 핵심 요소

로스팅 포인트

커피는 원두의 로스팅 정도인 로스팅 포인트roasting point에 따라 맛과 향이 제각각 다르기 때문에 같은 종류의 커피도 로스팅 포인트를 고려해 각각 다른 방식으로 추출해야 한다.

커피의 주재료인 생두는 열을 가할수록, 즉 로스팅 정도가 높을수록 조직의 부피가 증가가하고 분자들의 움직임이 활발해져 다른 조건이 같을 때 로스팅 정도가 낮은 원두보다 더 많은 양의 커피성분을 추출할 수 있다.

에스프레소에 사용하는 원두는 브루잉 커피에 사용하는 원두에 비해 로스팅 포인트가 높은 편이다. 커피에 물, 우유, 소스, 시럽 등의 부재료를 넣고 음료를 만들기 위해서는 비교적 강하게 로스팅된 원두를 사용해 적절한 농도와 맛을 유지해야 하기 때문이다. 브루잉 커피에 사용하는 원두는 로스팅 포인트를 미디엄에서 풀시티 사이로 맞춰 산지별 커피가 가진 특징을 가장 조화롭게 느낄 수 있도록 너무 강하지도, 너무 약하지도 않게 로스팅하는 경향이 있다.

로스팅 포인트에 따른 원두 조직의 차이

라이트   미디엄

시티   프렌치

로스팅 포인트 8단계

구분		단계	색깔	향미	SCA 분류명	색도값*
라이트 Light			밝고 연한 황갈색	신향, 강한 신맛	Very light brown	#95
시나몬 Cinnamon		1차 크랙 시작	연한 황갈색	중간 신맛, 약한 단맛, 쓴맛	Light brown	#85
미디엄 Medium		1차 크랙 정점	밤색	단향, 중간 신맛과 단맛, 약한 쓴맛	Moderately light brown	#75
하이 High		1차 크랙 종료	연한 갈색	단맛, 약한 신맛과 쓴맛	Light medium brown	#65
시티 City		1차 크랙 직후	갈색	약한 신맛, 강한 단맛과 쓴맛	Medium brown	#55
풀시티 Full-city		2차 크랙 직전	진한 갈색	약한 신맛, 중간 단맛과 쓴맛	Medium dark brown	#45
프렌치 French		2차 크랙 시작	흑갈색	약한 신맛과 단맛, 강한 쓴맛	Dark brown	#35
이탈리안 Italian		2차 크랙 정점	흑색	약한 단맛, 매우 강한 쓴맛	Very dark brown	#25

*아그트론 넘버(Agtron number, 커피 색도계 제조업체인 아그트론 사에서 제시한 로스팅 컬러 수치) 기준

원두의 분쇄도

커피 추출에 앞서 원두를 분쇄하는 이유는 물과 분쇄원두가 닿는 표면적을 넓혀 커피의 가용성분을 효과적으로 뽑아내기 위해서다. 분쇄도는 원두의 입자 크기를 뜻하며 '굵은coarse', '조금 굵은medium', '가는fine', '아주 가는micro'으로 분류할 수 있다. 원두는 입자 크기가 클수록 분쇄속도가 빠르고 커피가루의 뭉침이 적다.

분쇄도는 커피 추출 시 물이 분쇄원두를 투과하는 속도, 즉 물과 분쇄원두가 접촉하는 시간을 결정하며, 분쇄원두와 물이 어떤 방식으로 접촉하느냐에 따라 커피의 맛과 농도가 달라지기 때문에 분쇄도가 미치는 영향은 크다고 볼 수 있다.

적정 분쇄도는 추출 방식과 추출 도구, 원두의 로스팅 포인트에 따라 다른데, 분쇄도의 변화가 아무리 미세해도 커피의 추출 흐름과 맛에 영향을 미치기 때문에 세심하게 조절할 필요가 있다. 에스프레소처럼 가는 분쇄를 하는 추출 방식이 있는가 하면, 프렌치프레스처럼 굵은 분쇄를 하는 추출 도구도 있다.

하지만 적정 추출을 위한 분쇄도가 절대적으로 정해져 있는 것은 아니므로 그때그때 추출 흐름을 관찰하여 원두의 상태와 사용량에 맞게 조절해 주어야 한다. 다만 원두는 향이 날아가지 않도록 추출 직전에 분쇄하여 가능한 빨리 추출하는 것이 좋다.

분쇄도는 분쇄원두를 손가락으로 비벼보면 대략적으로 알 수 있는데, 굵은 분쇄도는 까칠한 모래알 같은 느낌이, 가는 분쇄도는 고운 밀가루 같은 느낌이 든다.

에스프레소(왼쪽)와 브루잉 커피(오른쪽) 분쇄도의 차이

분쇄도	추출과의 연관성
적정보다 굵은 분쇄도	분쇄원두와 물의 접촉시간이 너무 짧아 커피의 가용성분이 적게 추출되며 결과적으로 과소 추출의 원인이 된다.
적정 분쇄도	분쇄원두와 물이 적당 시간 접촉하여 커피의 가용성분이 균형감 있게 추출된다.
적정보다 가는 분쇄도	분쇄원두와 물의 접촉시간이 너무 길어 커피의 가용성분이 많이 추출되며 결과적으로 과다 추출의 원인이 된다.

TIP   원두 분쇄 시 고려 사항

로스팅 포인트
원두는 보통 로스팅 포인트가 낮을수록 곱게 분쇄하는데, 약하게 로스팅된 원두는 생두 조직의 팽창이 비교적 덜 이루어져 커피의 가용성분이 충분히 추출되지 않기 때문에 분쇄도를 가늘게 조절하여 물과 닿는 표면적을 최대한 늘리는 것이다. 반대로 강하게 로스팅된 원두는 분쇄도를 굵게 조절하여 커피의 가용성분이 적당히 추출될 수 있도록 한다.

로스팅 기간
원두는 로스팅하고 시간이 지날수록 이산화탄소 방출량이 줄어들어 추출 시 물의 투과를 방해하는 저항이 약해지고, 그만큼 추출 속도가 빨라지기 때문에 안정적인 추출 흐름을 유지하기 위해서는 로스팅 기간이 오래된 원두일수록 분쇄도를 가늘게 조절하여 일정한 저항력을 만들어 주거나 추출에 사용하는 원두의 양을 늘려 주어야 한다.

에스프레소 추출 시 주의할 점
에스프레소를 추출할 때는 원두의 분쇄도를 브루잉 커피보다 가늘게 조절하여 9기압의 추출 압력을 견딜 수 있는 저항력을 만들어 주어야 한다. 또한 포터필터에 담는 분쇄원두는 항상 일정한 양을 유지하고 정확한 분쇄도를 맞춰야 일관된 추출을 할 수 있다. 많은 바리스타들이 자동 그라인더를 사용함에도 저울을 이용해 더 정밀히 원두를 계량하는 것도 이러한 이유에서다.

물 온도

커피 추출에 적합한 온도는 90℃ 전후이며 추출에 사용하는 물의 온도가 높을수록 원두 분자의 움직임이 활발해져 커피의 가용성분이 더 많이 추출된다.

물 온도는 원두의 로스팅 포인트와 추출 방식에 따라 세밀한 조정이 필요한데, 예를 들어 다크 로스팅된 원두는 로스팅 과정에서 생두 조직이 크게 팽창하여 84~87℃의 물을 사용해도 커피의 가용성분이 잘 우러나지만, 라이트 로스팅된 원두는 상대적으로 생두 조직이 작게 팽창하여 97~98℃의 물로 사용해야 커피의 가용성분을 효과적으로 뽑아낼 수 있다.

일반적으로 커피는 추출에 사용하는 물의 온도가 낮을수록 신맛과 떫은 맛이 강해지고, 온도가 높을수록 쓴맛이 강해지기 때문에 라이트 로스팅된 원두를 낮은 온도의 물로 추출하면 더 강하고 날카로운 신맛이 날 수 있다. 다크 로스팅된 원두 역시 물 온도가 너무 높으면 불필요한 성분까지 모두 추출되어 잡맛이 생길 수 있으므로 유의해야 한다.

물 온도가 낮을 때는 원두를 많이 사용하고, 물 온도가 높을 때는 원두를 적게 사용하여 농도(커피에 용해된 가용성분과 물의 비율)를 맞추기도 한다.

추출비율 커피 추출에 사용하는 원두와 물의 비율을 흔히 추출비율brewing ratio이라고 한다. 보통 커피 한 잔을 추출하는 데 필요한 원두의 양은 에스프레소가 7~10g, 브루잉 커피가 25~30g이며, 이에 따른 물의 양은 나라마다 바리스타마다 권장량이 조금씩 다르다. 에스프레소의 경우 1:1에서 1:3 정도의 추출비율이 적합한 것으로 알려져 있으며, 브루잉 커피의 경우 1:15에서 1:17 정도가 이상적인 추출비율로 여겨진다. 하지만 전문가들이 제시하는 추출비율은 어디까지나 가이드에 불과할 뿐, 개인적인 선호도는 취향에 따라 차이가 나기 마련이다. 중요한 것은 적정 추출을 위해 추출비율을 비롯한 분쇄도, 물 온도, 추출시간 등의 변수를 알맞게 조절하여 언제나 정확하고 일관된 커피 맛을 구현하는 것이다.

원두 사용량에 따른 추출시간의 변화

원두 사용량	추출시간
정량보다 많을 경우	추출시간이 지나치게 길어짐
정량일 경우	추출시간이 적당하여 정확하고 일관된 추출이 이루어짐
정량보다 적을 경우	추출시간이 지나치게 짧아짐

추출시간

커피 추출에 소요되는 시간을 뜻하는 말로, 핸드드립Hand-drip에서는 물을 붓는 속도, 즉 물줄기의 굵기와 비슷한 개념으로 사용하며, 에스프레소는 추출을 25~30초 내로 끝내는 것이 일반적이다. 추출시간을 결정하는 요인은 분쇄원두의 입자 크기와 사용량이다. 추출 시 원두를 곱게 분쇄하거나 많이 사용하면 분쇄원두의 표면적이 넓어져 물이 투과하는 속도가 느려지고, 반대로 원두를 굵게 분쇄하거나 적게 사용하면 입자 사이의 간격이 넓어져 물이 투과하는 속도가 빨라진다. 커피 맛은 추출시간과 추출량에 따라 확연한 차이를 보이는데, 특히 핸드드립은 이 원리를 통해 커피 맛과 농도를 자유자재로 조절할 수 있다.

TIP   **커피와 물의 상관관계**

물은 커피의 98% 이상을 구성하는 주재료인 동시에 원두로부터 커피의 가용성분을 추출하는 용매 역할을 한다. 때문에 물은 커피의 맛뿐만 아니라 농도에도 영향을 미치는 중요한 요소라고 할 수 있다.

크게 TDS(총 용존 고형물), pH(수소이온농도지수), 경도hardness 등의 수치가 물의 성질을 좌우하는데, TDS가 높을수록 물의 용해 능력이 감소하여 커피 맛이 무겁게 느껴지며, pH가 중간 값 7(±0.5)에 해당하는 물이 커피 추출에 적합하다. 마지막으로 경도는 물에 함유된 칼슘과 마그네슘 함량에 따라 결정되는데, 경도가 높은 물로 추출했을 때는 쓴맛이, 경도가 낮은 물로 추출했을 때는 산미가 두드러지는 경향이 있다.

에스프레소

에스프레소의 개념과 역사

에스프레소의 정의

이탈리아어로 '빠르다express'는 뜻을 지닌 에스프레소는 에스프레소 머신의 증기압을 이용해 추출한 진하고 풍부한 맛의 이탈리아식 커피를 말하며, 우리가 흔히 접하는 아메리카노, 카페라떼, 카푸치노 등의 커피음료에 활용되기도 한다.

에스프레소는 가늘게 분쇄한 원두 7~10g에 85~95℃의 물로 8~10bar의 압력을 가해 20~30초간 빠르게 추출한다. 이렇게 추출한 에스프레소의 한 잔 분량은 약 20~30㎖이며, 시간에 따라 신맛, 단맛, 고소한 맛, 쓴맛 순으로 추출된다. 에스프레소는 브루잉 커피에 비해 추출시간이 짧고 그만큼 물에 용해되는 카페인의 양도 상대적으로 적은 편이다.

완벽한 에스프레소를 추출하기 위해선 다른 커피와 마찬가지로 원두의 특성과 추출 변수에 따른 차이를 이해하고, 기본적인 추출 과정과 기술도 익혀야 한다.

에스프레소는 물에 용해되지 않는 커피의 오일 성분이 미세한 크기로 쪼개져 분산된 에멀전emulsion 형태를 띠며, 덕분에 진한 풍미와 매끄러운 촉감을 느낄 수 있다. 또한 에스프레소는 표면을 덮고 있는 진갈색(또는 황금색) 거품층 크레마crema가 커피의 온도와 향을 유지해 주는 역할을 한다.

에스프레소의 4대 요소, 4M

블랜드 (Blend) **Miscela**	그라인더 (Grinder) **Macinadosatori**
머신 (Machine) **Macchina**	바리스타 (Barista) **Mano**

에스프레소 머신의 발전사

1901년 이탈리아 밀라노 출신 엔지니어 루이지 베제라Luigi Bezzera는 보일러의 물이 가열되어 발생하는 1.5bar의 압력으로 커피를 추출하는 방식을 고안, 증기압을 이용한 에스프레소 머신으로 특허를 취득했다.

1905년 이 머신의 특허 사용권을 얻은 데지데리오 파보니Desiderio Pavoni는 라 파보니La Pavoni라는 머신을 개발해 커피 애호가들에게 큰 인기를 끌었지만, 100℃ 이상의 높은 물 온도 때문에 커피에서는 강한 쓴맛과 탄 맛이 났고, 이러한 문제를 해결하고자 물 온도와 추출압력을 적정 수준으로 유지하는 머신 연구 개발이 본격적으로 이루어졌다.

1947년 아킬레 가찌아Achille Gaggia는 9bar의 압력으로 커피를 추출하는 피스톤 방식의 머신을 개발해 에스프레소 크레마를 탄생시켰고, 이는 오늘날 에스프레소 머신의 원형이 되었다.

1960년 카를로 에르네스토 발렌테Carlo Ernesto Valente가 개발하여 이듬해인 1961년에 선보인 훼마Faema E61은 전동 펌프를 이용해 일정한 압력으로 커피를 추출하는 방식으로 세간의 주목을 받았다.

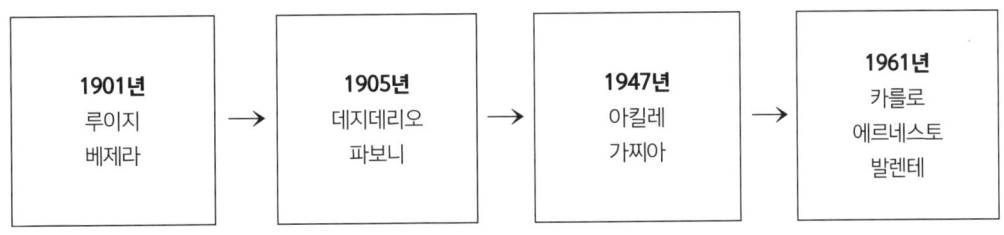

TIP   크레마

에스프레소를 추출하면 표면에 크림처럼 미세하고 조밀한 거품층이 형성되는데, 이를 크레마라고 한다. 크레마는 커피의 지용성 성분인 커피오일과, 커피 추출 시 물이 분쇄원두를 통과하면서 생기는 거품의 결합체이며, 휘발성 향물질을 포함한 수많은 이산화탄소 기포로 이루어져 에스프레소를 마셨을 때 풍부한 향미를 느낄 수 있다.

크레마의 두께와 색, 점도, 보존력 등은 에스프레소를 평가하는 기준이 되기도 한다. 일반적으로 크레마가 4~5mm 두께에 진갈색(또는 황금색)을 띠거나, 에스프레소 전용 잔인 데미타세Demitasse에 담아 옆으로 기울였을 때 크레마가 그대로 1분 이상 지속되면 잘 추출된 에스프레소라고 본다. 크레마는 에스프레소의 표면을 덮어 열손실을 줄여 주고, 산소 침투를 막아 에스프레소의 향미가 변질되는 것을 막아 준다.

크레마의 상태는 원두의 신선도에 따라서도 달라진다. 로스팅 날짜가 짧은, 숙성이 덜 된 원두일수록 이산화탄소 함량이 높아 크레마의 유지력이 떨어지고 에스프레소를 추출했을 때 크레마가 많이 생성되기 때문에 일정기간 숙성 과정을 거친 원두를 사용하는 것이 좋다.

좋은 크레마의 조건
- 두께(4~5mm)
- 색(진갈색 또는 황금색)
- 보존력(3~5분)

크레마의 상태

과소추출

정상추출

과다추출

에스프레소의 종류와 특성

왼쪽부터 리스트레또, 에스프레소, 룽고

에스프레소의 종류별 추출시간과 추출량

	리스트레또	에스프레소	룽고	도피오
추출시간	15~20초	20~30초	30초 이상	20~30초
추출량	15~20㎖	30㎖ 내외	40~50㎖	40~60㎖

리스트레또 Ristretto

리스트레또는 이탈리아어로 '제한된restrict'이라는 뜻이며, 에스프레소보다 추출시간이 짧고 추출량이 적은 것이 특징이다. 리스트레또는 에스프레소에 비해 빨리 추출을 마치기 때문에 더 진하고 농축된 커피를 얻을 수 있으며, 향미의 개성이 강하고 신맛이 도드라지는 편이다.

룽고 Lungo

룽고는 이탈리아어로 '길다long'는 뜻이며, 에스프레소보다 추출시간이 길고 추출량이 많은 것이 특징이다. 에스프레소는 추출시간이 길어질수록 농도가 연해지기 때문에 에스프레소보다 10초가량 더 추출하는 룽고는 전반적으로 연하고 향미의 개성이 약하며 쓴맛이 도드러지는 편이다.

도피오 Doppio

이탈리아어로 '두 배double'를 뜻하는 도피오는 두 잔 분량의 에스프레소를 동시에 추출한 더블 에스프레소double espresso다. 도피오는 일반 데미타세보다 큰 잔에 제공하며, 한 잔 분량의 에스프레소는 싱글 에스프레소single espresso라는 이름을 붙여 구분한다.

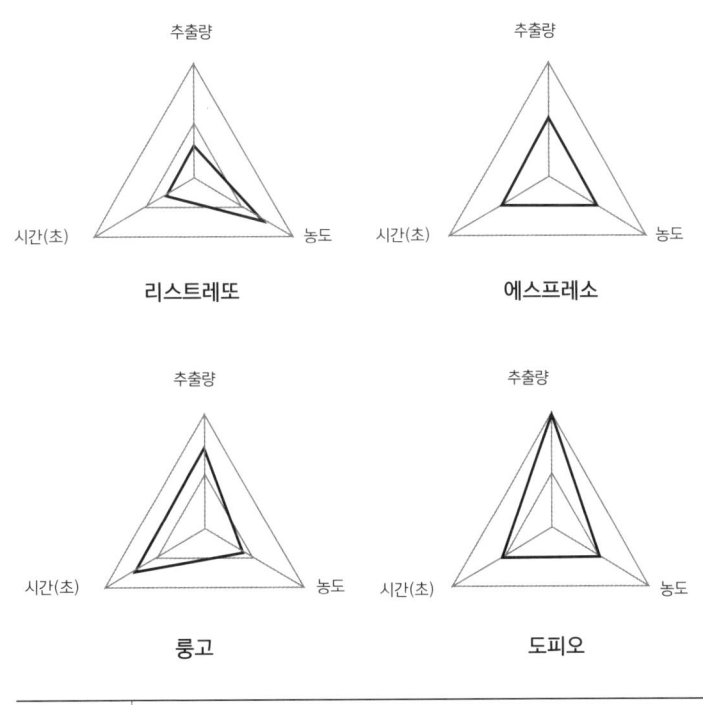

추출시간	룽고 > 에스프레소, 도피오 > 리스트레또
농도	리스트레또 > 에스프레소, 도피오 > 룽고
추출량	도피오 > 룽고 > 에스프레소 > 리스트레또

에스프레소 머신

에스프레소 머신은 증기압을 이용해 고온 고압으로 단시간에 커피를 추출하는 기계다. 에스프레소 머신을 계기로 바리스타라는 새로운 직업군이 탄생했으며, 에스프레소는 바쁜 현대인들의 기호식품으로 완전히 자리 잡게 되었다. 오늘날 에스프레소 머신은 사용자가 추출수의 온도와 압력, 인퓨전infusion* 기능 등을 자유롭게 조절하여 원하는 향미를 구현할 수 있으며, 에스프레소를 여러 잔 연속 추출해도 매번 일정한 결과를 얻을 수 있다.

에스프레소 머신의 작동 원리

수도관을 통해 공급된 물은 정/연수기와 펌프를 거쳐 머신으로 유입된 후 보일러와 열교환기를 지나 일정한 압력과 온도를 지닌 온수, 스팀, 추출수를 만들어 낸다. 에스프레소 머신의 핵심 부품인 보일러는 추출수를 가열하는 방식에 따라 간접 가열식과 직접 가열식으로 나뉘며, 보일러의 형태와 구조에 따라 단일형, 독립형, 분리형, 혼합형으로 나누기도 한다.

*에스프레소 추출 전 포터필터에 담긴 분쇄원두에 추출수를 살짝 적셔 커피의 가용성분이 원활히 추출되도록 물길을 만들어 주는 작업

보일러의 작동 원리

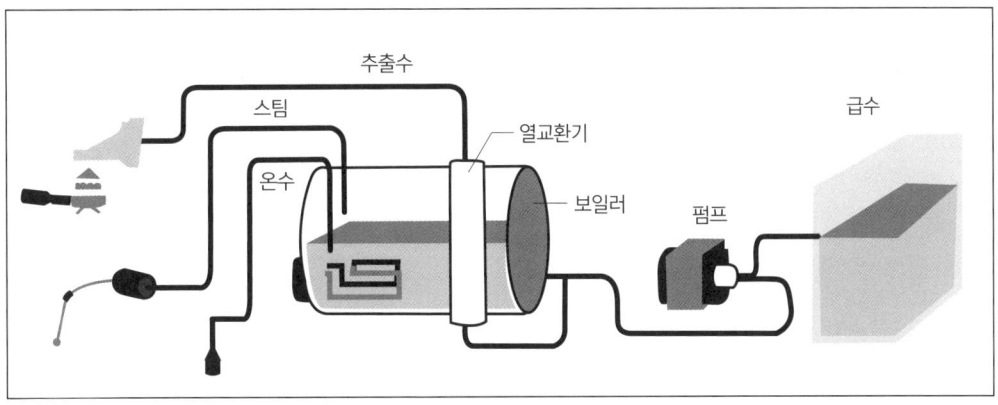

온수, 스팀, 추출수 제조 과정

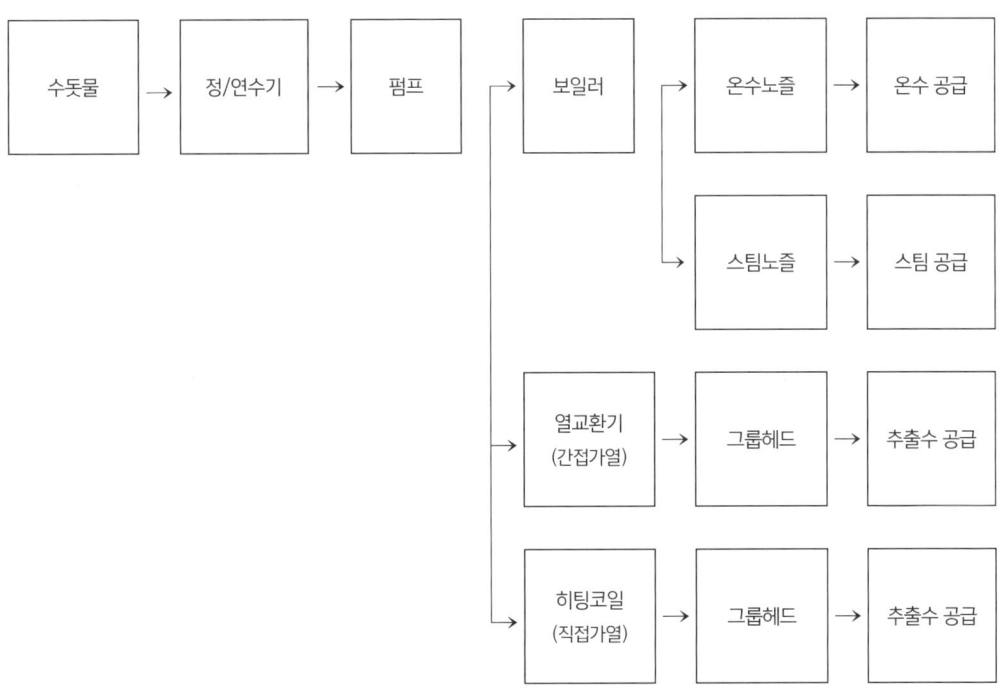

에스프레소 머신의 구조

머신 외부

스팀 노브steam knob

에스프레소 머신에서 스티밍 기능을 담당하는 부분을 통틀어 부르는 말. 스팀 밸브, 스팀 완드, 스팀 노즐, 스팀 팁으로 구성되어 있다.

스팀 밸브steam valve

스팀 노즐의 열고 닫힘을 조절하는 부분. 손잡이를 반시계 방향으로 돌리면 스팀이 나오고, 시계 방향으로 돌리면 멈춘다. 레버가 가장 일반적인 형태지만 버튼 형태로 된 것도 있다.

스팀 완드steam wand

스팀 노브에서 스팀이 이동하는 부분에 해당하는 스테인리스 스틸 재질로 된 관.

스팀 노즐steam nozzle

스팀 노브 끝에 달려 있는 노즐. 머신 밖으로 스팀을 분사시키는 부분이다.

스팀 팁steam tIp

스팀 노즐에 나 있는 구멍으로 스팀 팁의 크기는 우유거품의 입자 형성에 영향을 주며 스팀 밀크의 양과 질을 좌우한다.

온수 버튼 hot water button
온수 노즐을 작동시키는 스위치. 경우에 따라 물 양을 조절할 수 있는 머신도 있으며 수동 머신은 레버 형태로 되어 있다.

추출 버튼 extraction button
에스프레소 머신에서 추출을 제어하는 부분. 자동 머신은 버튼형, 수동 머신은 레버형으로 되어 있으며, 추출 중에 압력과 유량 조절이 가능한 머신은 패들이 달려 있기도 하다.

프리 버튼 free button
에스프레소 머신에 장착된 버튼 중 하나로, 누르면 물이 나오지만 물량이 따로 정해져 있지 않아 멈추려면 다시 버튼을 눌러야 한다. 보통 그룹헤드를 청소할 때나 열수 흘리기를 할 때 사용한다.

터치패드 touch pad
머신의 설정 상태와 각 버튼의 용도를 보여주는 부분. 크게 터치패드와 키보드 두 가지가 있다.

수면계 water gauge
보일러의 물량을 확인할 수 있는 장치.

수압계 water pressure gauge
머신으로 유입되는 물의 압력과 단수 여부를 확인할 수 있는 장치. 평소 2~4bar의 수도 수압을 유지하다 추출이 시작되면 8~10bar로 상승한다. 머신이 대기 상태일 때는 수압계라고 하지만 작동 중일 때는 펌프 압력 게이지 pump pressure gauge 또는 추출 압력 게이지 extraction pressure gauge라고 한다.

보일러 압력 게이지 boiler pressure gauge
보일러 내부의 스팀 압력을 확인할 수 있는 장치. 스팀 압력 게이지 steam pressure gauge라고도 한다. 게이지의 눈금이 1.5bar 이상으로 올라가면 위험 수위로 본다.

온수 노즐 hot water nozzle
에스프레소 머신에서 온수가 나오는 부분.

머신 내부

보일러 boiler
에스프레소 머신에서 가장 중요한 부품으로, 물을 가열해 스팀, 온수, 추출수를 공급하는 역할을 한다. 보일러의 약 70%는 물로, 나머지 약 30%는 증기로 채워져 있는데, 스팀, 온수, 추출수를 사용하고 나면 상온수가 다시 유입되어 추출 온도에 영향을 주므로 이를 개선하기 위한 다양한 보일러 방식이 개발되고 있다. 보일러의 바깥쪽은 열전도율이 높은 동 재질로 마감하며, 안쪽은 부식에 강한 니켈로 도금한다.

펌프 pump
펌프 모터 pump motor, 모터 펌프 motor pump라고도 한다. 일반적으로 수돗물은 압력이 1~2bar의 에스프레소를 추출하기에 부적절하므로 펌프를 이용해 7~9bar까지 압력을 높여준다. 모터에 달린 압력조절나사를 시계 방향으로 돌리면 압력이 높아지고 반시계 방향으로 돌리면 압력이 낮아진다. 크게 회전펌프와 진동펌프 두 가지가 있으며, 펌프에 이상이 생기면 소음이 발생하고 물 공급도 원활하게 이루어지지 않는다.

플로우 미터 flow meter
펌프의 회전 날개가 돌아가는 횟수로 유량을 측정하는 장치. 유량계라고도 한다.

그룹헤드 grouphead
에스프레소 머신에서 포터필터를 장착하는 부분으로 물과 분쇄원두가 만나 추출이 이루어지는 곳이다. 에스프레소를 추출하는 방식은 그룹헤드의 형태와 구조에 따라 조금씩 다르기 때문에 그룹헤드는 머신의 개성이 가장 잘 드러나는 부분이라고도 할 수 있다. 머신은 그룹헤드의 개수에 따라 1그룹, 2그룹, 3그룹, 4그룹 등으로 나뉘며 지름은 54~58mm 사이다. 그룹헤드 성능의 핵심은 추출 시 열손실을 막는 온도 제어 시스템이며, 그룹헤드와 포터필터 사이의 간격은 인퓨전 공간으로 활용된다.

그룹 가스켓 group gasket
에스프레소 추출 시 고온 고압의 추출수가 새지 않도록 막아주는 부품. 고무 재질로 돼 있어 일 년이나 6개월에 한 번씩 정기적으로 교체해주지 않으면 그룹헤드와 포터필터 사이에 누수가 발생할 위험이 있다.

필터 가스켓 filter gasket
포터필터와 그룹헤드 사이의 틈을 메우는 고무 재질의 부품으로 추출수가 새는 것을 방지해준다. 고무는 시간이 흐르면 딱딱해져 에스프레소 추출 시 물이 샐 수 있으므로 정기적으로 교체해줘야 한다.

샤워 스크린 shower screen
그룹헤드에 달려 있는 둥글고 평평한 망. 물이 분쇄원두를 고르게 적실 수 있도록 추출수를 분사시키는 역할을 한다.

샤워 홀더 shower holder
그룹헤드에 샤워 스크린을 고정시키는 부품.

Coffee Study

포터필터 portafilter

포터필터란 분쇄원두를 담아 에스프레소 머신의 그룹헤드에 장착시키는 부분을 말한다. 이탈리아어로 '휴대할 수 있는 필터portable filter'라는 뜻이며, 추출 중일 때를 제외하고는 항상 그룹헤드에 끼운 상태로 보관한다. 포터필터에서 에스프레소가 흘러나오는 부분에 해당하는 스파웃spout은 크게 두 종류가 있는데, 스파웃이 아예 없는 바텀리스bottomless 스파웃은 두 잔 분량의 에스프레소를 한 잔에 추출할 때, 스파웃이 두 개인 더블 스파웃은 에스프레소를 한 잔씩 총 두 잔 추출할 때 사용한다.

바텀리스 스파웃　　　　　　　더블 스파웃

필터 바스켓 filter basket

포터필터의 부품 중 하나로 분쇄원두를 담는 금속 재질의 필터. 보통 지름이 54~58mm인 제품을 사용하며 종류는 한 잔용과 두 잔용이 있다.

필터 홀더 filter holder

포터필터의 부품 중 하나로 필터 바스켓을 감싸고 있는 부분을 말한다. 온도 유지를 위해 주로 동 재질로 만든다.

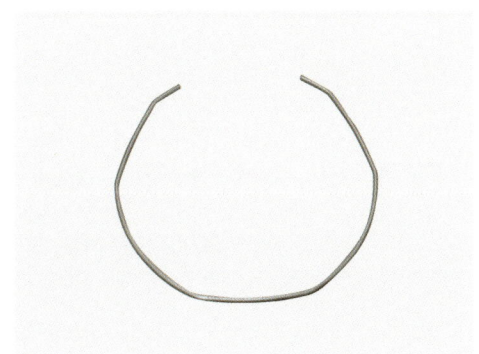

필터 홀더 스프링 filter holder spring

포터필터에 필터 바스켓을 고정시키는 철사로 된 스프링. 자주 사용하면 금방 마모되어 잘 빠지는 현상이 발생하므로 틈틈이 교정해주는 것이 좋다.

블라인드 필터 blind filter

그룹헤드를 청소할 때 포터필터에 끼우는 필터. 바스켓 홀 basket hole이 막혀 있는 모양을 하고 있다.

보일러 방식의 유형

단일형 보일러
하나의 보일러로 스팀, 온수, 추출수를 만들어 내는 방식. 고장이 적고 가격도 저렴해 상당수의 에스프레소 머신에서 택하고 있다. 열교환기의 형태에 따라 관통식, 침출식, 스팀가열식으로 나뉜다.

독립형 보일러
스팀, 온수 보일러와 별개로 그룹마다 추출수 보일러가 내장돼 있는 방식. 스팀, 온수 보일러인 메인 보일러와 관계없이 그룹별로 추출수 온도를 다르게 조절할 수 있다. 그룹 보일러 안의 히팅코일이 추출수를 직접 가열하기 때문에 열효율이 좋지만 오래 사용하면 스케일scale이 발생할 가능성이 크다.

분리형 보일러
스팀, 온수 보일러와 추출수 보일러가 따로 구분되어 있는 보일러 방식. 듀얼 보일러라고도 한다. 기본적인 원리는 독립형 보일러와 유사하지만 독립형 보일러에서는 그룹마다 내장돼 있던 추출수 보일러가 분리형 보일러에서는 하나로 통합됐다는 것이 차이점이다. 때문에 추출수 온도를 그룹별로 다르게 조절하는 것은 불가능하지만 대신 모든 그룹의 온도를 일정하게 맞출 수 있고, 추출수 보일러의 용량이 커진 만큼 연속 추출을 해도 온도가 쉽게 변하지 않는다는 장점이 있다.

혼합형 보일러
스팀, 온수 보일러에서 가열된 물과 상온수를 혼합해 추출수로 사용하는 보일러 방식. 스팀, 온수 보일러와 별도로 추출수 보일러와 그룹 보일러가 장착돼 있어 짧은 시간에 에스프레소를 연속 추출해도 온도가 일정하게 유지된다는 장점이 있다. 주로 하이엔드 머신에 많이 사용되며 외부 변화에 민감한 편이다.

그라인더

그라인더는 날카로운 날을 이용해 원두를 분쇄하는 기계다. 원두를 분쇄하는 작업인 그라인딩은 파쇄와 절삭에 의해 이루어지며, 분쇄를 통해 원두와 물이 닿는 표면적을 늘림으로써 커피의 가용성분을 효과적으로 추출하고, 흔히 프래그런스fragrance(또는 드라이 아로마dry aroma)라고 하는 마른 상태의 분쇄원두에서 느껴지는 향을 발산하게 된다.

원하는 맛의 커피를 추출하기 위해선 원두의 특성(로스팅 정도, 신선도 등)과 환경적 조건(온도, 습도 등)을 고려해 분쇄도와 사용량을 알맞게 조절한 후, 남아있는 분쇄원두로 인해 커피 맛이 변질되지 않도록 그라인더를 항상 청결하게 유지해야 한다. 그라인더의 종류는 작동 방식, 사용용도, 분쇄 원리 등에 따라 다양하게 나뉘며, 상업용으로 사용할 그라인더를 선택할 때는 분당 분쇄량과 모터 전력, 호퍼 용량 등을 꼼꼼히 따져봐야 한다.

그라인더의 종류

작동 방식	수동		반자동		자동
사용용도	가정용			상업용	
	브루잉용			에스프레소용	
분쇄 원리	간격식				
	버		롤	충격식	
	코니컬	플랫			

Coffee Study

101

수동 그라인더
전기를 사용하지 않고 오직 사람의 힘으로 원두를 분쇄하는 방식. 대표적으로 가정에서 소량씩 원두를 분쇄할 때 쓰는 핸드밀hand mill을 들 수 있다. 수동 그라인더는 가격이 비교적 저렴하고, 언제 어디서나 간편하게 사용할 수 있지만 사용자가 직접 손잡이를 돌려야 하는 만큼 힘이 들고 세밀한 분쇄도 조절이 어렵다는 단점이 있다. 같은 핸드밀이라도 제품별로 성능에 차이가 있으며, 원목, 세라믹 등 소재도 다양하다.

반자동 그라인더
전기로 작동하는 그라인더의 일종으로 ON/OFF 타입의 스위치를 이용해 분쇄량을 조절하는 방식이다. 반자동 그라인더는 스위치를 끄지 않으면 원두가 멈추지 않고 계속 분쇄되며, 도저에 분쇄원두가 쌓이면 사용자가 도저 레버를 당겨 원하는 만큼 포터필터에 담을 수 있다.

자동 그라인더
전기로 작동하는 그라인더의 일종으로 스위치를 누르면 디스플레이에 설정된 시간만큼 그라인더가 작동하여 정량의 분쇄원두를 받을 수 있는 방식이다. 자동 그라인더는 사용자가 포터필터를 거치대에 올려두면 센서에 의해 원두가 바로 자동 분쇄되기 때문에 도저가 따로 필요 없다.

간격식 그라인더
그라인더의 분쇄 원리 중 두 개의 날을 이용해 원두를 분쇄하는 방식이다. 날 사이의 간격에 따라 분쇄도가 결정되며, 충격식 분쇄에 비해 가격은 비싸지만 분쇄원두의 입자가 고르고 세밀한 분쇄도 조절이 가능해 대부분의 상업용 그라인더가 택하고 있다. 크게 버burr 그라인더와 롤roll 그라인더로 나뉘며, 버 그라인더는 다시 코니컬conical 버와 플랫flat 버로 나뉜다.

충격식 그라인더
그라인더의 분쇄 원리 중 가정에서 많이 사용하는 믹서기 형태의 전동 그라인더가 여기에 속하며, 넓은 날이 회전하면서 원두를 부수고 쪼개는 방식이다. 분쇄시간이 길어질수록 날에 부딪히는 횟수가 증가하여 분쇄도가 가늘어진다. 하지만 분쇄도가 균일하지 않고 파편이 많이 생긴다는 단점이 있다.

가정용 그라인더에는 수동 그라인더와 자동 그라인더가 있다.

상업용 그라인더는 크게 브루잉용과 에스프레소용으로 나뉜다.

상업용 그라인더(브루잉용)

상업용 그라인더(에스프레소용)

TIP 코니컬 버와 플랫 버

코니컬 버
톱니형 날이 원뿔형 날을 감싸고 있는 형태다. 보통 바깥쪽 톱니형 날은 고정돼 있고, 안쪽 원뿔형 날이 회전하면서 원두를 분쇄한다. 분쇄 시 원두가 위에서 아래로 빠져나가는 방식이며, 그라인딩 과정에서 열이 적게 발생하고 속도도 빠르지만 분쇄도가 고르지 못하다는 단점이 있다.

플랫 버
디스크 모양의 평면형 날 두 개가 서로 마주보고 있는 형태다. 분쇄 시 원두가 가운데에서 양옆으로 빠져나가는 방식이며, 그라인딩 과정에서 열이 많이 발생하고 속도도 느리지만 분쇄도가 고르다는 장점이 있다.

그라인더의 구조

반자동
에스프레소 그라인더

호퍼 뚜껑	호퍼에 남긴 원두에 이물질이 들어가지 않도록 막아주는 뚜껑.
호퍼	원두를 담아두는 통.
호퍼 게이트	원두의 투입을 제어하는 칸막이판.
입자 조절판	분쇄원두의 입자 크기를 조절하는 곳. 보통 반시계 방향으로 움직이면 분쇄도가 가늘어지고, 시계 방향으로 움직이면 분쇄도가 굵어진다.
도저	분쇄원두가 담기는 곳. 도저 챔버doser chamber라고도 한다.
도저 레버	도저에 담긴 분쇄원두의 토출을 제어하는 부분. 도저 레버를 당기면 분쇄원두가 밖으로 빠져나온다.
포터필터 거치대	포터필터를 거치해두고 분쇄원두를 받는 곳. 포터필터 홀더라고도 한다.
받침대	떨어진 커피가루를 모아두는 곳. 트레이tray라고도 한다.
작동 스위치	그라인더의 모터를 작동시키는 전원 스위치. 분쇄 전 작동 스위치를 켜 그라인더가 전원에 연결됐는지 확인한다.

자동
에스프레소 그라인더

호퍼 뚜껑	호퍼에 담긴 원두에 이물질이 들어가지 않도록 막아주는 뚜껑.
호퍼	원두를 담아두는 통.
호퍼 게이트	원두의 투입을 제어하는 칸막이판.
디스플레이	버튼을 이용해 분쇄원두의 입자 크기와 분쇄시간, 분쇄량 등을 조절하는 곳으로, 세팅값이 표시되어 있다.
토출구	분쇄원두가 밖으로 빠져나오는 부분.
도징 스위치	분쇄원두의 토출을 제어하는 부분. 포터필터를 안으로 밀어 도징 스위치를 누르면 분쇄원두가 나오고, 반대로 포터필터를 밖으로 당겨 스위치를 떼면 멈춘다.
포터필터 거치대	포터필터를 거치해두고 분쇄원두를 받는 곳. 포터필터 홀더라고도 한다.
받침대	떨어진 커피가루를 모아두는 곳. 트레이라고도 한다.
작동 스위치	그라인더의 모터를 작동시키는 전원 스위치. 분쇄 전 작동 스위치를 켜 그라인더가 전원에 연결됐는지 확인한다.

그라인더 사용 순서

보통 원두를 분쇄할 때는 본 작업에 앞서 소량의 원두를 시범 분쇄하여 원하는 분쇄도를 맞추는 과정을 거친다. 하지만 그라인더를 연달아 계속 사용하면 원두가 날에 부딪히면서 발생하는 마찰과 모터에서 나는 열로 인해 일시적으로 작동이 멈추거나 분쇄원두가 열에 의해 산패될 수 있으므로 일정한 시간 간격을 두고 사용하는 것이 좋다.

반자동 에스프레소 그라인더 사용 순서

호퍼에 원두를 담고 뚜껑을 덮는다.

원하는 분쇄도를 맞춘다.

거치대에 포터필터를 올려놓는다.

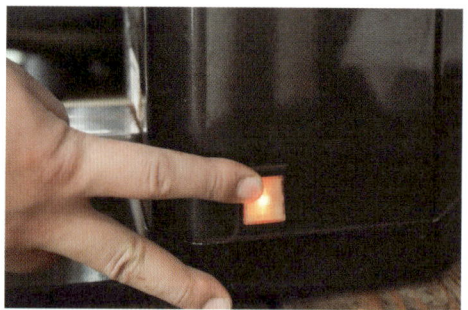

작동 스위치를 켜 원두를 분쇄한다.

도저 레버를 당겨 분쇄원두를 적당히 담는다.

분쇄가 끝나면 작동 스위치를 끈다.

자동 에스프레소 그라인더 사용 순서

전원을 켠다.

호퍼에 원두를 담고 뚜껑을 덮는다.

원하는 분쇄도를 맞춘다.

포터필터 거치대에 포터필터를 올려놓는다.

포터필터를 앞으로 밀어 원두를 분쇄한다. 분쇄원두가 원하는 양만큼 담길 때까지 도징 스위치를 누른다.(분쇄량과 분쇄시간을 미리 설정해 두었다면 자동으로 작동이 멈출 때까지 기다린다.)

분쇄가 끝나면 전원을 끈다.

그라인더 청소

원두 분쇄 후 그라인더 날 주변에 커피가루가 남아있으면, 시간이 흐르면서 커피의 오일 성분이 산패되어 날이 마모되고 불쾌한 냄새가 나며 결과적으로 커피 맛을 떨어뜨리게 된다. 매일 분해 청소를 하는 것이 가장 바람직하지만 어렵다면 최소 일주일에 한 번씩 분해 청소를 하는 것이 좋다. 또한 날이 마모되면 분쇄도의 균일성이 떨어질 수 있으므로 주기적으로 교체해줘야 한다. 날이 상하지 않도록 평소 원두를 분쇄하기 전에 돌이나 이물질이 섞여있지 않은지 수시로 확인하는 것도 중요하다.

호퍼 청소

호퍼에 묻은 커피오일과 미세한 커피찌꺼기를 말끔히 없애려면 호퍼를 빼서 분리한 후, 중성 세제로 닦아 깨끗한 물로 헹구고 마른 행주로 물기를 닦아주면 된다.

TIP   **세정제를 이용한 방법**

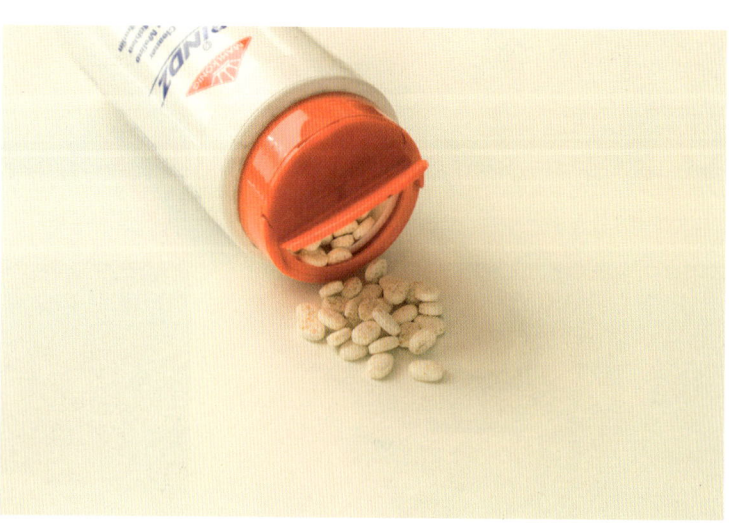

호퍼와 도저에 남아있는 원두를 완전히 비운 후 세정제 5~10알을 넣고 분쇄한 다음, 한 번 더 원두를 넣고 분쇄한다.

에스프레소 추출

원하는 맛의 에스프레소를 추출하기 위해선 만들고자 하는 메뉴를 고려해 원두의 분쇄도와 사용량, 추출시간, 추출온도, 추출압력, 추출량 등을 정하고, 에스프레소 머신 그룹헤드와 포터필터의 예열 상태, 펌프 압력, 보일러 압력, 추출수 온도와 온수, 스팀 온도 등을 꼼꼼히 확인해야 한다.

에스프레소 추출에 필요한 도구들

린넨
포터필터의 물기를 제거하거나 커피 찌꺼기를 털어낼 때 사용하는 천.

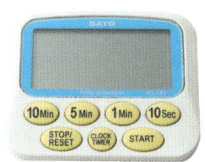

타이머
정확한 추출시간을 맞추기 위해 사용하는 초시계.

샷글라스
에스프레소를 담을 때 쓰는 작은 잔. 주로 테스트 샷test shot을 뽑을 때나 베리에이션 커피에 들어갈 에스프레소를 추출할 때 사용한다. 용량은 대부분 30㎖이며, 유리나 스테인리스 스틸 소재로 만든다. 눈금이 새겨져 있는 것과 없는 것 두 종류가 있다.

넉박스
도징 후 분쇄원두의 정량을 맞출 때 버려지는 커피가루나 에스프레소를 추출하고 남은 커피찌꺼기를 모아두는 통.

탬퍼
에스프레소 추출 시 추출수의 압력이 고르게 분산될 수 있도록 포터필터에 담긴 분쇄원두를 수평에 맞게 다지는 도구. 하단의 베이스와 상단의 손잡이로 구성되어 있으며, 종류에는 일체형과 분리형이 있다. 에스프레소 머신은 기종별로 포터필터의 규격이 제각각 다르기 때문에 각자 조건에 맞는 제품을 선택하는 것이 좋다. 베이스에 흠집이 생기면 추출에 영향을 주기 때문에 평소 탬퍼 받침 위에 보관해야 한다.

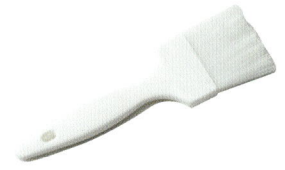

청소솔
카페에서 에스프레소 머신과 그라인더 주변에 남아있는 커피 찌꺼기와 커피가루를 청소할 때 사용하는 솔.

계량저울
재료의 양을 정확히 재기 위해 사용하는 저울. 정확하고 균일한 추출을 위해 반드시 필요한 도구이며, 최근에는 스마트폰과 컴퓨터를 연동해 실시간으로 추출 흐름을 파악하고, 데이터를 기록, 분석할 수 있는 스마트 저울도 널리 활용되고 있다.

TIP 에스프레소 추출의 핵심 동작, 팩킹packing

포터필터에 분쇄원두를 담는 작업인 도징 후 레벨링, 탬핑으로 이어지는 일련의 동작을 팩킹이라고 한다. 팩킹은 아주 기본적인 동작이지만 커피 맛을 좌우하는 중요한 과정인 만큼 바리스타의 정교한 기술과 감각이 요구된다. 바리스타는 원두 분쇄부터 팩킹, 포터필터 장착, 그리고 마지막 추출까지 가능한 빠르게 진행해야 하는데, 그래야 커피의 신선한 맛과 향을 오랫동안 유지할 수 있기 때문이다. 정상적인 에스프레소 추출을 위해선 포터필터와 그룹헤드를 적정 온도로 예열해야 하지만, 너무 오래 열에 노출되면 분쇄원두의 향미가 손실될 수 있으므로 되도록 짧은 시간에 추출을 진행하는 것이 바람직하다.

도징 dosing
그라인너로 분쇄한 원누를 포터빌터에 담는 작업이다. 정확하고 균일한 추출을 위해서는 매번 일정한 양의 분쇄원두를 필터 바스켓 전체에 고르게 담는 것이 중요하다. 필터 바스켓에 담는 원두의 양은 추출하고자 하는 에스프레소의 종류와 특성에 따라 다르며, 싱글은 7~10g, 더블은 14~20g의 원두를 담는 것이 일반적이지만 경우에 따라 더 많이 혹은 더 적게 담기도 한다.

레벨링 leveling
도징 후 필터 바스켓에 담긴 분쇄원두를 고르게 분배해 입자 사이의 빈 공간을 없애고 정량을 맞추는 작업이다. 보통은 손가락이나 나무막대를 이용해 분쇄원두의 표면을 고르고 포터필터 가장자리에 남아있는 커피가루를 털어낸다. 최근에는 디스트리뷰터distributor라는 전용 툴이 개발되어 더 효과적으로 레벨링을 할 수 있게 됐다.

레벨링 모습

손가락을 사용한 경우

나무막대를 사용한 경우

탬핑 tamping

탬핑은 포터필터에 담긴 분쇄원두를 평평하게 다져 수평밀도를 일정하게 맞추는 작업이다. 탬핑을 하면 추출수와 압력이 분쇄원두에 균일하게 가해져 커피의 가용성분을 골고루 추출할 수 있다. 탬핑이 잘못되면 에스프레소가 분쇄원두의 밀도가 낮은 쪽으로만 추출되는 편류 현상(채널링channeling이라고도 한다)이 일어나기도 한다.

탬핑의 강도는 추출속도와 에스프레소의 농도에 영향을 주며, 원두의 분쇄도와 사용량에 맞게 조절해야 한다. 탬핑을 약하게 하면 추출속도가 빨라져 상대적으로 연한 에스프레소를, 탬핑을 세게 하면 추출 속도가 느려져 상대적으로 진한 에스프레소를 얻을 수 있다.

탬핑 모습

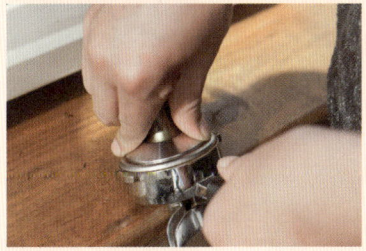

잘된 탬핑

잘못된 탬핑

에스프레소 추출 과정

에스프레소 머신의 전원을 켜고 예열한다.

예열이 끝나면 린넨으로 포터필터에 남아있는 물기를 닦아내고 이물질을 깨끗하게 털어준다.

그라인더를 작동시켜 정량의 분쇄원두를 포터필터에 담는다. 이때 포터필터의 위치는 토출구 중앙에 맞춰 분쇄원두가 가운데부터 고르게 담길 수 있도록 한다.

포터필터를 좌우로 살짝 흔들거나 손가락으로 표면을 고르게 해 분쇄원두의 수평밀도를 맞춘 후 가장자리의 커피가루를 털어낸다.

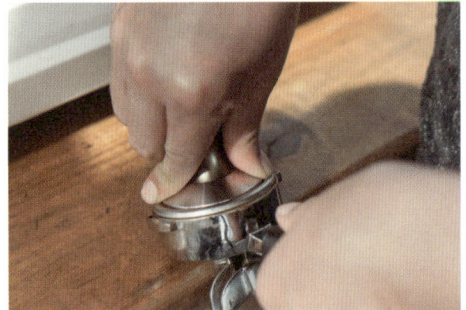

탬퍼를 이용해 분쇄원두를 평평하게 다진다.

프리 버튼을 눌러 열수 흘리기를 한다. 열수 흘리기는 포터필터를 그룹헤드에 장착하기 전, 2~3초 정도 추출버튼을 눌러 그룹헤드에 남아있는 커피 찌꺼기를 제거하고 추출온도를 맞추는 작업이다.

포터필터에 충격이 가지 않도록 최대한 부드럽게 그룹헤드에 장착한다.

추출 버튼을 누른 후 빠르게 샷글라스를 스파웃 아래에 받친다. 추출을 시작하고 원하는 양이 되면 다시 추출 버튼을 눌러 동작을 멈춘다.

그룹헤드에서 포터필터를 분리한다.

포터필터를 넉박스에 털어 커피찌꺼기를 분리한다.

추출 버튼을 눌러 흐르는 물에 필터 바스켓을 가볍게 헹군다.

포터필터를 그룹헤드에 장착한 채로 보관한다.

| TIP | 잘된 추출과 잘못된 추출 |

과소 추출under extraction**의 원인과 결과**
커피 추출 시 추출속도가 지나치게 빠르면 커피의 가용성분이 충분히 빠져나오지 못해 떫고 밍밍한 맛이 나는데, 이를 과소 추출이라고 한다. 원인으로는 적정보다 굵은 분쇄도, 정량보다 적은 원두 양, 낮은 추출수 온도 등이 있다. 과소 추출은 추출시간이 20초 이하로 짧아 크레마 색이 연하고 보존력이 낮은 것이 특징이다.

포터필터에 분쇄원두를 정량보다 적게 담은 경우

과다 추출 over extraction의 원인과 결과

커피 추출 시 추출속도가 지나치게 느리면 커피의 가용성분이 과도하게 많이 빠져나와 쓰고 자극적인 맛이 나는데, 이를 과다 추출이라고 한다. 원인으로는 적정보다 가는 분쇄도, 정량보다 많은 원두 양, 높은 추출수 온도 등이 있다. 과다 추출은 추출시간이 30초 이상으로 길어 크레마 색이 진하고 보존력이 높은 것이 특징이다.

포터필터에 분쇄원두를 정량보다 많이 담은 경우

정상 추출
원두 양, 분쇄도, 추출수 온도, 추출시간 등 다양한 추출 변수를 알맞게 조절해 커피향미를 가장 잘 느낄 수 있는 수율과 농도로 추출한 에스프레소를 말한다.

포터필터에 정량의 분쇄원두를 담은 경우

에스프레소 머신 청소

에스프레소 머신은 최상의 커피를 만들 수 있는 상태를 유지하기 위해 주기적으로 소모품을 교체하고 청소해 줘야 한다.

물 역류세척

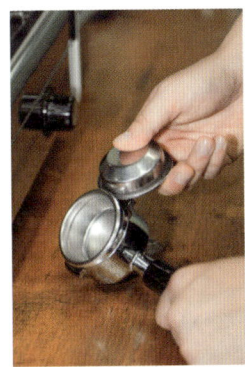   

포터필터에서 필터 바스켓을 분리하고 청소용 블라인드 필터를 끼운다.

포터필터를 그룹헤드에 장착한다.

연속추출버튼을 누른다.

5초 후에 다시 연속추출버튼을 눌러 작동을 멈춘다. 이 과정을 7회 정도 반복한다.

약품 역류세척

  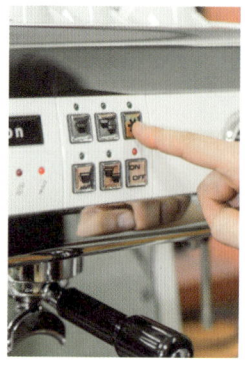 

블라인드 필터에 머신 전용 세정제를 넣는다. 세정제는 알약이나 가루 형태로 되어 있다.

포터필터를 그룹헤드에 장착한다.

연속추출버튼을 누른다. 30초 후에 다시 연속추출버튼을 눌러 작동을 멈춘다.

포터필터를 그룹헤드에서 분리해 깨끗이 헹군다. 이 과정을 7회 정도 반복한다.

샤워 스크린 세척

드라이버를 이용해 그룹헤드의 샤워 스크린 고정나사를 푼다.

샤워 스크린을 분리한다.

청소솔로 샤워 스크린과 고정나사를 닦는다.

뜨거운 물에 약품을 녹인 후 샤워 스크린을 담갔다 헹군다.

샤워 스크린을 다시 그룹헤드에 끼우고 고정나사를 조인다.

추출버튼을 눌러 이상이 없는지 확인한다.

포터필터 세척

포터필터와 필터 바스켓을 분리한다.
필터 홀더 스프링을 분리한다.
청소솔로 포터필터 안쪽과 필터 바스켓을 닦는다.

  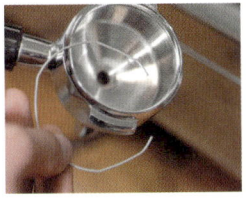 

뜨거운 물에 약품을 녹인 후 포터필터와 필터 바스켓을 담갔다 헹군다.
포터필터에 다시 필터 홀더 스프링을 끼운다.
딱 소리가 나도록 포터필터에 다시 필터 바스켓을 끼운다.

스팀노즐 세척

스팀노즐을 뜨거운 물에 약 10분간 담가둔다.
깨끗한 천으로 닦는다.
스팀밸브를 열어 수증기를 배출한다.

브루잉

브루잉에 필요한 도구들

드리퍼

드리퍼는 분쇄원두를 필터에 담아 서버 위에 올려놓는 도구로, 일종의 거치대 역할을 한다. 브루잉 커피는 드리퍼의 형태에 따라 제각기 다른 특징이 있기 때문에 원하는 맛에 어울리는 드리퍼를 골라 사용하면 된다. 드리퍼의 형태는 칼리타, 멜리타 등의 사다리꼴 드리퍼와 고노, 하리오 등의 원추형 드리퍼로 나뉘며, 재질은 플라스틱, 유리, 동, 세라믹 등으로 다양하다. 드리퍼는 형태가 사다리꼴인지 원추형인지에 따라 필터에 담긴 분쇄원두의 밀도가 달라져 커피 맛에도 차이가 난다. 드리퍼 안쪽 벽면에 선 모양으로 튀어나온 리브rib는 추출 시 물 빠짐이 원활하도록 공기 통로를 만들어 주며, 드리퍼마다 다른 리브의 모양과 길이, 개수는 추출속도에 영향을 준다.

리브

드립포트

추출속도는 물줄기의 굵기가 굵을수록 빠르고 가늘수록 느린데, 이때 유용한 도구가 바로 핸드드립이나 푸어오버 커피를 내릴 때 사용하는 드립포트다. 드립포트는 주둥이가 일반 주전자보다 길고 가는데다 무게도 가벼워 물줄기를 조절하기가 한결 수월하다. 드립포트는 종류도 많고 가격도 천차만별이지만 무엇보다 중요한 것은 자신이 원하는 대로 물줄기의 흐름을 조절할 수 있는 드립포트를 찾는 것이다.

드립포트는 물을 붓는 동안 물줄기가 계속 흘러나오게 설계되었다. 아래로 갈수록 넓어지는 디자인은 드립포트 내부의 대류 현상을 완화하여 물줄기가 중간에 끊이지 않게 해 준다. 또한 S자 모양의 주둥이는 드립포트에서 흘러나오는 물의 수압을 낮춰 물줄기가 분쇄 원두 표면에 부드럽게 떨어질 수 있도록 한다.

드립포트는 대부분 열전도성이 좋은 금속 재질로 되어 있어 보온력이 뛰어나며, 그중에서도 스테인리스 스틸로 만든 드립포트는 직접 가열이 가능한 반면, 동이나 동-니켈 합금으로 만든 드립포트는 직접 가열이 불가능하다.

다양한 재질의 드립포트

필터

필터는 주로 종이나 천, 금속으로 만들며, 1차적인 용도는 커피 추출액과 찌꺼기를 걸러내는 것이지만, 재질에 따라 다양한 맛을 낼 수 있으므로 적절한 필터를 선택하는 것이 중요하다.

서버

추출 후 커피 추출액을 담는 곳. 브루잉 방식에 따라 소량의 커피를 진하게 추출해 물에 희석해 마시거나 원하는 농도가 될 때까지 추출해 마시기도 한다. 서버 옆면에는 정확한 양을 측정할 수 있도록 눈금이 표시되어 있다.

계량스푼

일정한 양의 재료를 계량할 때 사용하는 스푼. 용량별로 다양한 사이즈가 있다.

계량저울

재료의 양을 정확히 재기 위해 사용하는 저울. 정확하고 균일한 추출을 위해 반드시 필요한 도구이며, 최근에는 스마트폰과 컴퓨터를 연동해 실시간으로 추출 흐름을 파악하고, 데이터를 기록, 분석할 수 있는 스마트 저울도 널리 활용되고 있다.

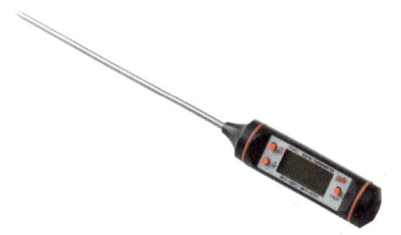

온도계

물 온도를 측정하는 기구로, 특히 브루잉 커피를 내릴 때 많이 사용한다.

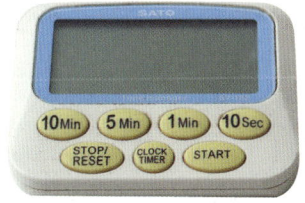

타이머

정확한 추출 시간을 맞추기 위해 사용하는 초시계.

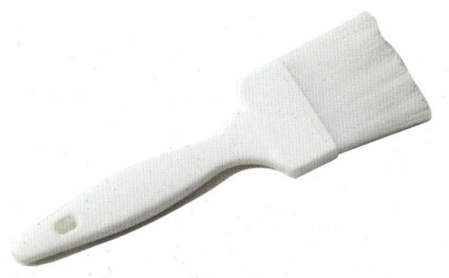

청소솔

카페에서 에스프레소 머신과 그라인더 등 바 곳곳에 남아있는 커피 찌꺼기와 커피가루를 청소하는 데 사용하는 솔.

부루잉 커피
추출 과정

분쇄

브루잉 커피를 내릴 때는 추출 직전에 원두를 분쇄하는 것이 좋다. 원두를 분쇄하는 순간 커피의 다양한 향 성분이 날아가 버리기 때문이다. 같은 이유로 원두를 분쇄한 후에는 가급적 빨리 추출을 진행하는 것이 바람직하다.

뜸들이기

물도 추출 직전에 끓이는 것이 가장 좋은데, 물이 끓는 동안 물속에 산소가 녹아들어 커피 맛이 한층 더 좋아지기 때문이다.

원두의 로스팅 포인트별로 알맞은 온도의 물이 준비되면 필터에 담긴 분쇄원두 위에 조심스럽게 물을 부어 뜸들이기를 한다. 뜸들이기는 본격적인 추출에 앞서 분쇄원두를 살짝 적셔 불리는 단계로, 커피가 원활하게 추출될 수 있는 상태를 만들어 준다. 뜸들이기가 충분히 이루어지면 그만큼 커피의 추출력이 높아진다.

다만 주의할 점은 분쇄원두가 약간만 젖을 정도로 물을 살포시 고르게 부어야 한다는 것이다. 물을 한 번에 너무 많이 부으면 서버로 금방 커피가 떨어지고, 반대로 너무 적게 부으면 추출이 원활하게 이루어지지 않는다. 또한 추출 초반부터 필터에 물이 닿으면 소재가 갖고 있는 고유의 냄새가 커피 맛을 해치고, 물길이 잘못 형성될 경우 추출이 한쪽으로만 일어날 수 있으므로 뜸들이기를 할 때는 최대한 충격이 가지 않도록 얌전히 물을 붓는 것이 중요하다. 주둥이가 길고 가는 드립포트를 사용하는 것도 이러한 이유에서다.

추출

추출 단계에서는 분쇄원두의 가운데에서 바깥쪽으로 달팽이집 모양의 원을 그리며 조심스럽게 물을 붓는다. 그러다 원이 필터 가장자리에 가까워지면 이번에는 반대로 달팽이집 모양의 원을 그리며 다시 바깥쪽에서 안쪽으로 돌아온다. 물을 부을 때는 중앙부를 좀 더 충분히 적셔 주어야 하는데, 드리퍼 구조상 가운데 부분의 분쇄원두가 층이 가장 두껍기 때문이다. 여기서 주의할 점은 분쇄원두와 물이 만나는 시간이 너무 길어지면 잡맛을 내는 성분이 배어나오므로 추출시간을 적절히 조절해야 한다는 것이다. 또한 필터에 물이 직접 닿지 않도록 주의해야 하는데, 물이 분쇄원두보다 필터에 먼저 닿으면 커피성분을 추출하지 않고 그대로 서버로 떨어져 잡맛을 생성하기 때문이다.

마시기

브루잉 커피는 방법에 따라 원액을 진하게 추출해서 물에 희석해 마시기도 하고, 원하는 농도가 될 때까지 추출해서 그대로 마시기도 한다. 다만 중요한 것은 마지막까지 온도를 유지해야 한다는 것이다. 특히 핸드드립이나 푸어오버 커피를 추출할 때는 적정 온도를 맞추는 것이 커피 맛의 관건이기 때문에 물 뿐만 아니라 드립포트, 드리퍼, 잔 등의 기물도 온도가 식지 않도록 미리 예열해두는 것이 좋다.

| TIP | 브루잉 커피 추출 시 주의사항 |

물은 적당한 높이에서 조용한 느낌으로 붓는다
물을 한 번에 너무 많이 붓거나 너무 높은 곳에서 부으면 분쇄원두가 움푹 꺼지면서 물이 통과하는 길이가 짧아지고 결과적으로 커피성분이 충분히 추출되지 못한다.

물을 붓는 위치를 조금씩 바꿔 주어야 한다
물을 한 곳에만 집중적으로 부으면 해당 부분의 분쇄원두가 아래로 가라앉아 물의 통과 길이가 짧아질 뿐 아니라 분쇄원두도 한쪽만 젖어 커피성분이 전체적으로 고르게 빠져나오지 못한다.

바람직한 추출 자세
왼발을 앞으로 내밀어 중심축을 잡고, 왼손을 테이블 위에 올려 안정적인 자세를 취한다.

드리퍼의 종류   형태에 따른 분류

반침지법(반투과법)

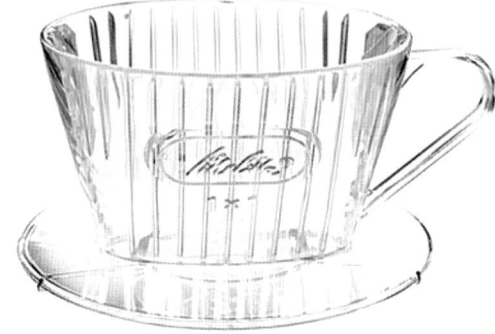

침지법

칼리타Kalita

일본 칼리타 사에서 개발한 사다리꼴 모양의 드리퍼로 가장 많이 쓰는 제품 중 하나다. 바닥에 작은 추출구가 세 개 뚫려 있고, 드리퍼 옆면은 멜리타에 비해 경사가 완만하며 안쪽에 새겨진 리브는 길이가 길고 촘촘하다. 이러한 구조로 인해 칼리타는 원추형 드리퍼에 비해 추출속도가 느리고 추출이 안정적으로 이루어지며 맛의 편차가 적다. 칼리타는 1~4차에 나누어 물을 붓는데, 이렇게 내린 커피는 대체로 산뜻한 산미와 가벼운 바디, 맑고 부드러운 맛이 특징이다. 칼리타에는 미디엄 다크 계열의 중간 굵기로 분쇄한 원두가 잘 어울리며, 사이즈는 1~2인용부터 7~12인용까지 다양하고 주로 플라스틱, 세라믹, 동 소재로 만든다.

멜리타Melitta

독일에서 개발된 세계 최초의 드리퍼이다. 드리퍼의 초창기 모델에 해당하며, 바닥에 작은 추출구 하나가 뚫려 있다. 드리퍼 옆면은 칼리타에 비해 경사가 가파르고 안쪽에 새겨진 리브는 길이가 짧고 촘촘하다. 추출구의 크기가 작아 상대적으로 추출속도가 느린 편이며, 그만큼 물과 분쇄원두의 접촉시간이 길기 때문에 과다추출이 일어나지 않도록 주의해야 한다. 또한 물을 여러 번 부으면 추출구가 막힐 위험이 있으므로 물 양을 정확히 맞춰 한 번에 부어야 한다. 멜리타로 내린 커피는 대체로 감칠맛과 바디가 좋은 것이 정통 유럽식 커피를 연상케 한다. 멜리타에는 다크 계열의 가는 굵기로 분쇄한 원두가 잘 어울린다.

반침지법(반투과법)

투과법(여과법)

하리오 Hario V60

일본 하리오 사에서 개발한 원추형 드리퍼로 바닥에 작은 동전 크기 만한 구멍이 한 개 뚫려 있다. 추출구의 크기는 고노보다 좀 더 큰 편이다. V60는 드리퍼 옆면의 기울기가 60도라는 뜻에서 붙여진 이름이며, 안쪽에는 물의 흐름을 돕는 리브가 위에서 아래로 회오리 모양을 따라 새겨져 있다. V60은 일반적으로 사다리꼴 모양의 드리퍼에 비해 추출속도가 빠르며, 세 가지 사이즈에 세라믹, 플라스틱, 스테인리스 스틸 재질로 된 제품이 있다. V60으로 내린 커피는 잡맛 없이 깔끔하고 부드러운 맛이 특징이다.

고노 Kono

1925년 일본에서 개발된 원추형 드리퍼로 바닥에 큰 추출구 하나가 뚫려 있으며, 드리퍼 옆면의 경사가 가파르고 안쪽에 새겨진 리브는 길이가 짧고 듬성듬성하다. 이러한 구조 때문에 고노는 다른 드리퍼보다 추출속도가 빠른 편이며 맛의 편차를 줄이고, 과소 추출의 위험을 막기 위해 뜸을 충분히 들이고 일정한 간격으로 조금씩 물을 부어 가운데부터 천천히 적시는 소위 '점드립' 방식을 사용하기도 한다. 점드립은 분쇄원두에 한 방울씩 떨어진 물이 입자 사이로 번지면서 커피 성분을 추출하는 원리이기 때문에 고노로 내린 커피는 중후함과 감칠맛이 살아있으며 전체적으로 밸런스가 좋고 촉감도 부드럽다. 물론 누가 어떻게 추출하는지에 따라 차이는 있겠지만 고노는 기본만 잘 지키면 분쇄도에 상관없이 커피성분을 가장 효과적으로 뽑아낼 수 있는 추출방법이다. 사이즈는 1~2인용과 3~4인용이 있고 색상도 다양하다. 고노로 커피를 추출할 때는 주둥이 끝이 아래로 구부러진 드립포트를 사용해야 물 조절이 용이하다.

반침지법(반투과법)

케맥스Chemex

1941년 독일의 화학자 피터 쉴럼봄Peter Schlumbohm이 발명한 커피 추출도구로 실험실 비커와 비슷한 모양을 하고 있다. 드리퍼와 서버가 일체형이며 일반 종이필터에 비해 20~30% 정도 더 무거운 전용 필터를 사용한다. 유리로 된 본체는 가운데 부분이 오목하게 들어가 있으며, 손잡이가 달려 있거나 나무 커버가 감싸져 있어 커피를 따를 때 편리하다. 케맥스 상부에 해당하는 드리퍼는 추출 과정에서 발생한 가스를 배출하는 부분이며, 하부에 해당하는 서버는 커피 향이 쉽게 빠져나가지 않도록 잡아두는 역할을 한다. 케맥스는 커피의 오일 성분과 쓴맛, 미분 등을 걸러내어 한층 더 깔끔한 맛을 느낄 수 있다.

소재에 따른 분류

플라스틱
무게가 가볍고 가격이 저렴하다는 장점이 있지만 너무 오래 사용할 경우 커피물이 들고 드리퍼 안쪽 벽면이 벗겨지듯 일어나며 보온성도 떨어진다. 투명한 재질의 플라스틱 드리퍼는 추출 과정을 직접 볼 수 있어 물줄기를 조절하는 데 도움이 된다.

세라믹
장기간 사용해도 쉽게 변색되거나 형태가 변하지 않아 반영구적으로 쓸 수 있다. 관리가 편하고 보온성도 뛰어나지만 열전도율이 낮아 사용하기 전에 미리 뜨거운 물을 부어 예열해 놓아야 한다.

동
보온성과 열전도율이 뛰어나며 도자기 재질 특유의 고급스러움이 느껴지지만 가격이 비싸고 사용 후 바로 씻어 말려야 하는 등 관리의 번거로움이 있다.

필터의 종류

일반적으로 핸드드립과 푸어오버에 가장 많이 쓰이는 필터는 종이 필터와 융 필터지만 이 외에도 금속이나 세라믹 등 다양한 재질의 필터가 시중에 판매되고 있으므로 원하는 커피의 특징을 감안해 적절한 필터를 선택하면 된다. 예를 들어 케냐, 인도네시아처럼 바디가 묵직한 커피는 융 필터로, 에티오피아, 코스타리카처럼 풍부한 아로마와 깔끔한 맛이 돋보이는 커피는 종이 필터로 내렸을 때 개성이 잘 드러난다.

종이

가장 대중적인 필터 소재다. 필터의 모양은 드리퍼 형태에 따라 사다리꼴과 원추형으로 나뉘며 주로 펄프를 이용해 만든다. 표백 유무에 따라 표백한 흰색 필터와 표백하지 않은 갈색 필터가 있지만 단순히 색 차이일 뿐 맛 차이는 없다. 종이 필터는 일회용이라 추출이 끝나고 바로 버릴 수 있어 간편하고 위생적이지만 커피의 오일 성분이 종이에 흡착되어 풍부한 향미를 표현하기에는 다소 제한적이다. 하지만 깔끔한 커피를 원한다면 종이 필터를 사용하는 것이 효과적일 수 있다. 종이 필터는 장기간 보관할 경우 습기와 냄새 등에 오염되지 않도록 비닐 팩에 넣어 밀봉하는 것이 좋다.

융 Jung

융 필터는 직물의 일종인 플란넬을 이용해 만든 필터로, 융 드립은 넬Nel 드립이라고도 하며 종이 필터가 등장하기 전부터 사용했다. 융 필터는 한쪽은 직모, 다른 한쪽은 기모로 되어 있는데, 기모의 미세한 털이 물길을 만들어 주는 리브 역할을 한다. 융 드립은 융이 커피오일을 흡수하지 않고 그대로 추출해 한층 더 부드럽고 풍부한 맛의 커피를 즐길 수 있으며, 촉감이 매끄럽고 바디가 묵직하다는 것도 특징이다. 융으로 내린 커피는 기모의 위치에 따라 조금씩 맛이 다른데, 기모를 안쪽으로 하면 커피의 미분을 잘 거를 수 있고, 바깥쪽으로 하면 다양한 성분을 균형감 있게 추출할 수 있다. 하지만 융은 추출기술이 미숙하거나 필터 관리에 소홀하면 좋은 맛을 내기 힘들다는 단점이 있다.

종이 필터와 융 필터의 장단점

	종이	융
장점	· 일회용이라 간편 · 깔끔한 맛 구현	· 풍부한 향미와 바디 구현 · 불필요한 잡맛을 걸러냄
단점	· 풍부한 향미 표현의 제한 · 환경오염 유발	· 관리상의 어려움 · 깔끔한 맛 표현의 제한 · 추출방법에 따른 맛의 편차가 크므로 노하우 필요

도구별 추출과정

칼리타
RECIPE (1잔 기준)

원두 20g
물 300㎖

POINT
추출이 끝난 후 드리퍼 전체에 커피가루가 골고루 붙어 있으면 추출이 잘된 것이다.

추출 전 드리퍼, 서버 등의 기물을 뜨거운 물로 예열하고 사다리꼴 필터를 접어 준비한다.

원하는 추출량을 고려해 필요한 만큼 원두를 계량하고 로스팅 정도에 맞는 물 온도를 세팅한다. 본격적인 추출에 앞서 소량의 물을 부어 30초 정도 뜸들이기를 한다.

안에서 밖으로 원을 그리듯 물을 부으며 1차 추출을 한다. 이때 물은 드리퍼 안의 물높이가 낮아지지 않도록 적당한 높이에서 중간 굵기로 천천히 계속 부어야 한다.

물이 어느 정도 빠지면 이번에는 안에서 밖으로 원을 그리듯 물을 부으며 2차 추출을 한다. 이때는 물을 한 번에 많이, 굵은 굵기로 빠르게 부어야 한다.

멜리타
RECIPE (1잔 기준)

원두 20g
물 300㎖

POINT

멜리타 전용 필터는 가장 오랜 역사를 가진 종이 필터다. 사탕수수와 펄프로 만드는 일반 종이 필터와 달리 대나무와 펄프로 만들며 종류도 다양하다. 대표적으로 커피 향을 극대화하기 위해 표면에 미세한 구멍을 뚫은 제품과 봉제선이 터지는 것을 막기 위해 이중으로 봉한 제품이 있다.

HOW TO

추출 전 드리퍼, 서버 등의 기물을 뜨거운 물로 예열하고 멜리타 전용 필터를 접어 준비한다.

원하는 추출량을 고려해 필요한 만큼 원두를 계량하고 로스팅 정도에 맞는 물 온도를 세팅한다. 본격적인 추출에 앞서 소량의 물을 빠르게 부어 분쇄원두를 전체적으로 살짝 적신다. 이때 물은 커피가 서버로 한두 방울 떨어질 정도로만 붓는다.

30초 정도 뜸들이기를 한 후 분쇄원두가 부풀어 올랐다 가라앉았을 때쯤 안에서 밖으로 원을 그리듯 물을 붓는다. 처음에는 최대한 작게 그리고 점차 크기를 키워나간다. 이때 물줄기는 일정한 굵기를 유지하고 추출속도는 초당 1cm씩 움직이는 정도로 맞춘다.

물을 붓는 속도와 물이 빠지는 속도가 비슷해질 때쯤 남아있는 물을 다 부어 한 번에 추출을 끝내거나, 잠시 추출을 멈췄다가 3~4초 후에 다시 물을 부어 목표량을 채우는 방법이 있다.

하리오 V60
RECIPE (1잔 기준)

원두 20g
물 300㎖

HOW TO

추출 전 드리퍼, 서버 등의 기물을 뜨거운 물로 예열하고 원추형 필터를 접어 준비한다.

원하는 추출량을 고려해 필요한 만큼 원두를 계량하고 로스팅 정도에 맞는 물 온도를 세팅한다. 본격적인 추출에 앞서 소량의 물을 부어 30초 정도 뜸들이기를 한다.

안에서 밖으로 원을 그리듯 물을 부으며 1차 추출을 한다. 이때 물은 드리퍼 안의 물높이가 낮아지지 않도록 적당한 높이에서 중간 굵기로 천천히 계속 부어야 한다.

물이 어느 정도 빠지면 안에서 밖으로 원을 그리듯 가늘게 물을 부으며 2차 추출을 한다. 마지막으로 3차 추출은 물을 안에서 밖으로 원을 그리며 굵은 굵기로 빠르게 붓는다.

고노
RECIPE (1잔 기준)

원두 20g
물 300㎖

POINT

추출 시 분쇄원두가 부풀어 오르면서 생긴 거품에는 커피의 나쁜 성분과 잡맛이 남아있기 때문에 추출이 끝나고 필터를 걷어낼 때까지 표면이 꺼지지 않도록 주의해야 한다.
고노 전용 필터는 100% 순면 소재이며 환경 친화적이다. 고노 드립을 할 때는 필터 옆부분을 좀 더 여유있게 접는다. 봉제선을 그대로 따라 접으면 필터에 드리퍼가 딱 맞지 않고 한쪽이 들떠서 추출의 정확성이 떨어질 수 있다.

HOW TO

추출 전 드리퍼, 서버 등의 기물을 뜨거운 물로 예열하고 고노 전용 필터를 접어 준비한다.

90℃의 물을 준비한다.

드리퍼에 필터를 넣고 중간 굵기로 분쇄한 원두를 담은 후 표면이 고르게 되도록 살짝 흔들어 준다.

분쇄원두의 중심에서 1/3 지점까지 물방울을 살짝 떨어뜨린다는 느낌으로 여러 번에 나눠 물을 붓는다. 물을 처음부터 너무 빨리 부으면 커피성분이 충분히 추출되지 않아 물맛이 날 수 있으니 주의해야 한다.

Coffee Study

드리퍼 안의 물높이가 낮아지지 않도록 2/3 지점까지 나선을 그리듯 천천히 물을 붓는다.

드리퍼 안의 물높이가 최대치가 되도록 남아있는 물을 빠르게 붓는다. 목표량을 채우면 필터를 걷어낸다.

TIP   고노 드립 시 바람직한 추출 자세

한 손은 드립포트의 손잡이를 잡고 다른 한 손은 행주로 받쳐 무게 중심이 드립포트의 아랫부분을 향하게 한다. 그런 다음 움직임을 최소화한 상태에서 손목만 돌려 물줄기의 각도를 조절한다.

케맥스

RECIPE (1잔 기준)

원두 22g
물 310㎖

케맥스 전용 필터를 펼쳐 드리퍼에 넣는다. 이때 필터는 세 겹으로 된 부분이 추출구 쪽을 향하게 한다.

필터에 뜨거운 물을 부어 헹군다.

헹군 물을 버린다.

원하는 추출량을 고려해 필요한 만큼 원두를 계량하고 로스팅 정도에 맞는 물 온도를 세팅한다. 본격적인 추출에 앞서 소량의 물을 부어 30초 정도 뜸들이기를 한다.

안에서 밖으로 원을 그리듯 물을 붓는다. 이때 물은 드리퍼 안의 물높이가 낮아지지 않도록 적당한 높이에서 중간 굵기로 천천히 계속 붓는다.

물이 어느 정도 빠지면 이어서 안에서 밖으로 원을 그리듯 물을 붓는다. 이때는 물을 한 번에 많이, 굵은 굵기로 빠르게 부어야 한다.

추출이 끝나면 필터를 걷어낸다.

서버에 담긴 커피를 살짝 흔들어 마시면 목 넘김이 더 부드럽다.

융 드립

RECIPE (1잔 기준)

원두 20g
물 200㎖

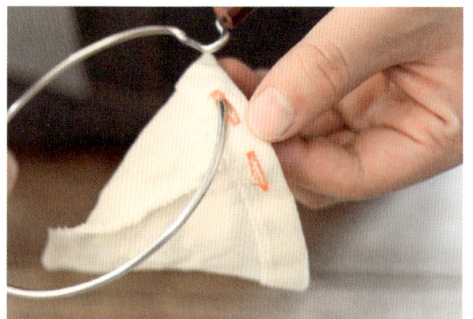

융 필터를 드리퍼에 끼운다.

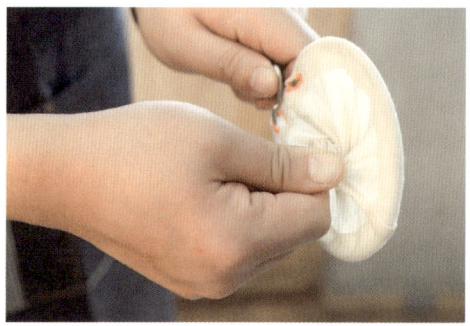

필터 끝부분을 돌려 물기를 최대한 없앤다.(가능하면 증기를 쐬어주는 것도 좋다. 기모가 살아나 커피의 미분을 잘 걸러내기 때문이다.)

필터에 뜨거운 물을 부어 헹구고 헹군 물을 버린다.

서버에 드리퍼를 올리고 중간 굵기로 분쇄한 원두를 담는다.

나무막대로 분쇄원두를 살짝 뒤적여 밀도를 고르게 만들어 준다.

물이 골고루 스며들 수 있도록 분쇄원두 가운데에 조그만 홈을 판다.

가는 물줄기로 물을 부어 30초 정도 뜸들이기를 한다.

안에서 밖으로 나갔다가 다시 돌아오는 방식으로 분쇄원두 전체에 골고루 물을 부으며 1차 추출을 한다. 같은 동작을 4차까지 천천히 반복한다.

목표량을 채울 때까지 남아있는 물을 5~7차에 나누어 붓는다.

| TIP | 융 필터의 사용과 보관 |

사용방법
1. 새 필터를 흐르는 물에 깨끗이 씻는다. 단 세제는 사용하지 않는다.
2. 냄비에 물과 소량의 커피 찌꺼기를 넣고 필터와 함께 끓인다. 커피 찌꺼기가 천 특유의 잡냄새를 없애 준다.
3. 필터를 건져내 찬물로 헹구고 끝부분을 돌려 물기를 짠다.
4. 깨끗하게 마른 천으로 필터를 감싸 누르며 남아있는 물기를 모두 제거한다.

보관방법
추출 후 젖은 필터를 그대로 말리면 남아있는 유분이 공기 중에 산패되기 때문에 한번 사용한 필터는 커피 찌꺼기를 털고 깨끗이 씻어 찬물에 담그거나 밀폐 용기에 담아 냉장 또는 냉동 보관한다. 융 필터는 40~50회 정도 재사용이 가능하나 최대 30회를 넘지 않는 것이 좋다.

커피메이커

RECIPE (1잔 기준)

원두 25g
물 300㎖

추출 전 사다리꼴 필터를 접어 드리퍼에 넣는다.

원하는 추출량을 고려해 필요한 만큼 원두를 분쇄하고 필터에 담는다.

물탱크에 물을 채운다.

농도 조절이 가능할 경우 원하는 추출비율을 선택한다.

전원버튼을 눌러 추출을 시작한다.

프렌치프레스

RECIPE (1잔 기준)

원두 18g
물 220㎖

원하는 추출량을 고려해 필요한 만큼 원두를 분쇄하고 비커에 담는다.

로스팅 정도에 맞는 물 온도를 세팅하고 본격적인 추출에 앞서 소량의 물을 부어 30초 정도 뜸들이기를 한다.

남아있는 물을 다 붓고 스틱으로 3~4회 정도 젓는다.

필터가 달린 손잡이를 끼운다.

손잡이를 눌러 커피가루를 걸러낸 후 잔에 따라 마신다.

모카포트

RECIPE (1잔 기준)

원두 18g
물 60㎖

하단 보일러의 밸브 높이까지 물을 채운다.

필터바스켓에 분쇄원두를 담고 표면을 고르게 다진다.

하단 보일러에 필터바스켓을 넣는다.

상단 컨테이너와 하단 보일러를 결합한다.

불 위에 모카포트를 올리고 가열한다.

커피가 끓어오르기 시작하면 뚜껑을 덮고 추출이 끝날 때까지 기다렸다가 불을 끈다.

에어로프레스   **RECIPE**(1잔 기준)
원두 18g
물 220㎖

캡에 필터를 넣고 뜨거운 물을 부어 헹군다.

체임버와 플런저를 결합한다.

플런저가 아래로 가도록 놓고 물을 붓는다.

스틱으로 3~4회 정도 젓는다.

체임버에 캡을 끼운다.

캡 위를 컵으로 덮는다.

전체를 뒤집은 후 플런저를 눌러 커피를 추출한다.

추출이 끝나면 캡을 분리한 후 플런저를 밀어 필터와 커피 찌꺼기를 제거한다.

Coffee Study

PART 3

밀크 스티밍 & 라떼아트

| 밀크 스티밍 |

밀크 스티밍은 보일러에서 생성된 스팀을 이용해 우유를 따뜻하게 데우고 부드럽고 풍성한 우유거품을 만드는 작업이며, 각 메뉴에 알맞은 우유의 양과 거품의 두께, 온도 조절이 요구된다.

라떼아트는 커피 위에 그림을 그리는 것을 말하며, 유럽에서 처음 시작되어 호주, 일본 등지로 전파되었다. 나뭇잎, 하트, 튤립 등 다양한 디자인이 개발되면서 새로운 커피문화로 자리 잡은 라떼아트는 시각적인 효과가 뛰어나 카페에서 고객을 위한 서비스로 제공되고 있다. 방법으로는 바로붓기free pouring와 에칭etching, 파우더아트powder art 등이 있다.

우유의 성분과 종류

우유의 성분

우유는 단백질, 지방, 당질, 비타민, 칼슘 등의 성분으로 이루어져 있으며, 이중 단백질과 지방은 우유거품을 만드는 데 중요한 요소다.

우유는 온도가 40°C를 넘으면 수분이 증발하여 농축되는 현상과 함께 단백질 변성이 일어나고, 74°C를 넘어가면 단백질과 아미노산이 분해되어 가열취가 나는데 이때 신선한 느낌이 떨어지게 되므로, 스티밍을 할 때는 우유의 온도가 너무 높아지지 않게 주의해야 한다.

우유의 종류

우유는 살균법에 따라 여러 종류가 있는데 대표적으로 저온 장시간, 고온 단시간, 초고온 가열 살균법이 있으며 이중 초고온 가열 살균법이 가장 많이 사용된다.

구분	특징
저온 장시간 살균법	우유를 62~65°C에서 30분가량 살균하는 방법. 프랑스 화학자 루이 파스퇴르Louis Pasteur에 의해 발명됐으며 원유의 영양과 풍미 손실을 막아 고품질 우유를 생산할 수 있지만 시간과 비용이 많이 든다.
고온 단시간 살균법	우유를 약 72°C에서 15초가량 살균하는 방법. 우유의 좋은 성분이 일부 변성을 일으키긴 하지만 저온 살균보다 시간과 비용이 적게 들고 살균 효과가 높아 유통기한이 길다는 장점이 있다.
초고온 가열 살균법(UHT)	우유를 130~135°C에서 2초가량 또는 150°C에서 0.75초가량 살균하는 방법. UHT 살균을 거친 우유는 열을 가했을 때 우유 성분이 비교적 덜 파괴되어 스팀밀크를 만들기에 적합하다.

밀크 스티밍 작업 순서

Step 1. 사전 준비

1. 스티밍할 우유를 선택한다. 이때 우유는 냉장보관해 신선한 상태인 것이 좋다.
2. 만들고자 하는 메뉴의 개수와 잔 용량에 맞는 크기의 스팀피처를 선택한다.
3. 차가운 스팀피처를 준비한다. 스팀피처를 상온에 보관하거나 한번 스티밍한 우유를 재사용하면 음료의 맛과 품질이 떨어질 수 있으므로 적당한 크기의 스팀피처에 적정량의 우유를 담는 연습이 필요하다.
4. 스팀피처에 적정량의 우유를 계량해 담는다.

Step 2. 스팀 분출

1. 스팀밸브를 열어 스팀을 충분히 빼 준다.
2. 스팀노즐을 직각으로 세운다.
3. 스팀피처의 우유에 스팀노즐을 담근다.
4. 스팀을 분사해 우유를 가열한다.

TIP   스팀노즐의 위치와 각도

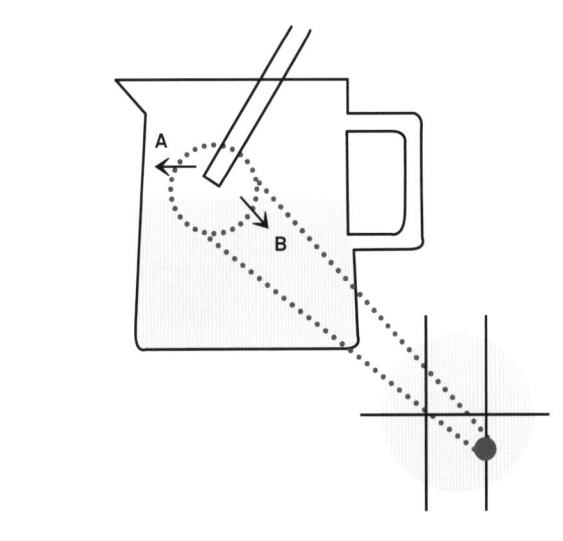

스팀노즐을 담그는 위치는 스팀피처를 위에서 보고 가로로 2등분, 세로로 3등분했을 때 우측 아래다. 스팀노즐을 너무 깊이 담그면 우유의 온도가 빨리 올라가기 때문에 깊이는 약 1cm, 각도는 30° 정도 앞으로 나온 상태를 유지하는 것이 좋다. 스팀노즐의 위치와 각도에 따라 스팀밀크의 공기주입, 혼합, 안정화가 영향을 받는데 스팀노즐의 위치가 스팀피처 벽면에 너무 가까우면 거품의 안정화와 공기주입에 문제가 되고, 스팀피처를 자주 움직이면 스팀노즐의 위치가 계속 바뀌어 회전력에 문제가 된다.

위 그림에서 우유에 담그는 스팀구(B)의 스팀은 회전력을 만들어 내고, 우유 표면에 나와 있는 스팀구(A)의 스팀은 공기주입과 동시에 거품을 안정화시킨다.

Step 3. 공기 주입

공기주입은 우유 속에 공기를 주입시켜 거품을 생성하는 과정이다. 우유의 양과 공기를 주입하는 시간에 따라 거품의 두께가 달라지며, 스팀노즐의 위치와 우유 표면과의 거리 또한 거품의 크기를 변화시키는 요소다. 공기주입은 스팀노즐을 우유 표면에 1cm 정도 담가 시작하는데, 스팀노즐과 우유의 표면이 거의 맞닿은 상태에서 거품이 생성되는 과정을 눈으로 확인하고 소리로 판단해야 한다. 스팀노즐과 우유 표면의 거리가 멀어질수록 크고 거친 거품이 형성되고 가까울수록 작고 고운 거품이 형성된다.

공기주입은 우유의 온도가 40℃가 되기 전에 마무리해야 하는데 40℃를 넘어가면 단백질이 변성되기 시작해 불안정한 거품을 다시 안정화시키기 힘들기 때문이다. 우유의 보관 온도를 약 3℃로 유지하는 이유도 여기에 있다. 우유를 실온에서 보관하거나, 스팀피처를 에스프레소 머신 위에 올려 따뜻하게 두면 스티밍을 시작하는 온도가 높아져 안정적으로 공기주입을 할 수 있는 시간이 짧아지게 된다.

| TIP | 스팀의 압력 세기 |

스팀피처의 위치와 움직임은 에스프레소 머신에서 스팀이 퍼져나가는 각도와 스팀 압력의 세기를 고려해 조절한다. 스팀의 세기가 약하면 스팀피처의 움직임을 최소화해 고정된 위치에서 스티밍을 진행하고, 스팀의 세기가 강하면 스팀노즐을 스팀피처의 가장자리 보다는 중심에 위치시켜 우유가 넘치는 현상을 막는다.

Step 4. 혼합과 안정화

크고 거친 우유거품을 작게 쪼개 우유와 혼합하는 과정이다. 거품이 불안정한 우유는 마셨을 때 가벼운 느낌이 드는 반면, 곱고 균일한 우유거품은 진한 부드러움을 느끼게 한다. 불안정한 우유거품은 스팀노즐을 스팀피처 벽면에 가까이 대고 회전력을 가해 혼합하고 안정화한다.

Step 5. 마무리

1. 메뉴에 알맞은 온도의 우유거품이 생성되면 스팀 분출을 멈춘다.
2. 스팀을 충분히 분사한 후 행주를 이용하여 스팀완드를 재빨리 닦아준다.

**거품의 크기와
온도에 따른 맛의 변화**

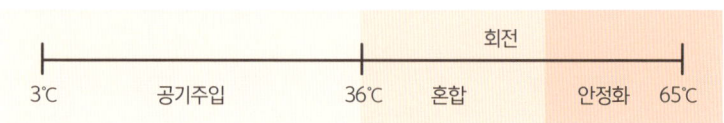

우유는 온도가 뜨거워질수록 밍밍한 맛이 나는데, 이는 온도 자체의 영향도 있지만 우유의 온도가 높아짐에 따라 거품을 내는 시간이 길어져 우유에 투입되는 수분의 양이 늘어나기 때문이다.

Step 6. 붓기

1. 스팀밀크를 잔에 붓기 편하도록 다른 스팀피처에 나눠 담는다.
2. 적당량의 스팀밀크를 부어 메뉴를 완성한다.

잘못된 밀크 스티밍의 예	결과
노즐이 스팀피처의 벽면에 가까울 경우	얇고 힘없는 거품, 뜬 거품
노즐이 우유 깊숙이 잠겨 있을 경우	얇은 거품
노즐이 우유 표면과 많이 떨어진 경우	불안정하고 큰 거품
피처를 너무 많이 움직일 경우	불안정한 거품
우유의 회전력이 부족한 경우	불안정한 거품

밀크 스티밍이 잘된 경우와 잘못된 경우

스티밍이 정상적으로 이루어진 경우

공기주입이 너무 빨리 진행된 경우

공기주입이 안 된 경우

혼합과 안정화가 안 된 경우

TIP 아이스 메뉴용 우유거품 만들기

에스프레소 머신을 활용한 방법
적당량의 우유를 스팀피처에 넣고 짧은 시간 내에 빠르게 우유거품을 만든다. 이때 핵심은 온도가 많이 상승하기 전에 공기를 충분히 주입하는 것이다. 나머지 작업은 일반적인 스티밍과 동일하게 진행하면 된다.

프렌치프레스를 활용한 방법
적당량의 우유를 프렌치프레스에 넣은 후 손잡이를 잡고 뻑뻑한 느낌이 들 때까지 위아래로 움직여 거품을 낸다.

거품기를 활용한 방법
적당량의 우유를 스팀피처에 넣고 회선형 거품기를 위아래로 작동시켜 공기를 주입하면 고운 거품이 만들어진다.

라떼아트

라떼아트의 3요소

크레마
크레마는 도화지다. 좋은 크레마를 얻기 위해서는 신선한 원두와 정확한 추출이 필요하며, 우유를 부을 때는 크레마의 상태를 잘 확인해야 한다.

우유
우유는 물감이다. 라떼아트는 우유를 활용한 예술이므로 신선하고 질 좋은 우유가 필요하다. 곱고 윤기가 흐르는 우유거품이어야 고객의 입에 닿았을 때 부드러운 느낌을 줄 수 있고 커피의 고소한 맛도 잘 살릴 수 있다.

바리스타
바리스타는 화가이다. 섬세하고 창의적인 바리스타의 솜씨가 고객을 미소 짓게 한다.

라떼아트의 원리
에스프레소에 우유거품을 따르면 데운 우유는 에스프레소와 혼합하고, 거품은 크레마와 혼합한다.

| Foamed Milk |
| Crema |
| Foamed Milk + Espresso |

TIP　　　　**벨벳밀크** velvet milk **란?**

뚜렷하고 선명한 라떼아트를 하기 위해서는 곱고 윤기가 흐르는 우유거품이 필요하다. 이러한 우유거품을 흔히 벨벳밀크라고 하며, 거품의 크기가 육안으로 보이지 않을 만큼 작고, 전체적으로 벨벳 천 같은 느낌이 나는 거품을 말한다.

라떼아트 작업 순서

거품 주입

7cm 정도 높이에서 잔 중앙에 우유를 부어 거품을 주입한다.

크레마 안정화

우유를 천천히 부어 잔의 40%까지 크레마가 올라오도록 한다.

붓기

잔의 40%가 채워지면 1/3 지점에서 1cm 두께로 우유를 붓는다.

그리기

준비과정이 끝나면 스팀피처를 바로 아래로 내려 그리기를 시작한다. 그리기 과정에서는 커피의 표면과 스팀피처의 입구 부분이 가까워야 한다. 그림을 그릴 때는 스팀밀크를 과감히 붓고, 우유의 두께는 1cm 정도로 유지하는 것이 좋다. 라떼아트의 완성도를 높이기 위해서는 그림의 크기나 선의 두께에 따라 우유의 두께를 세밀하게 조절해야 하지만 처음 라떼아트를 하는 바리스타는 그림이 그려지는 원리를 쉽게 이해하기 위해 먼저 과감히 붓는 연습과 1cm 정도의 두께로 붓는 연습을 하는 것이 좋다.

마무리

우유를 잔의 100%까지 부어 원하는 디자인이 완성되면 스팀피처를 들어 마무리한다.

| TIP | 라떼아트 시 주의사항 |

1. 우유거품의 양에 따라 스팀밀크를 붓는 높이와 우유의 두께를 조절해야 한다.
2. 처음부터 너무 많은 양의 스팀밀크를 부으면 크레마 위로 거품이 내려앉아 얼룩이 지는 현상이 발생할 수 있으므로 주의해야 한다.
3. 스팀밀크를 너무 높이서 부으면 크레마가 깨지므로 주의한다.
4. 스팀밀크의 줄기가 흐트러지면 크레마 표면에 불안정한 거품이 생기므로 과감히 부어야 한다.

에칭

에칭이란 날카로운 도구를 이용해 선을 표현하는 기법으로 동판화에서 많이 쓰인다. 라떼아트에서 에칭은 붓기 작업 후에 이루어지는 것이 일반적이며 종류로는 우유거품 에칭, 초콜릿 에칭 등이 있다. 바리스타의 예술적인 감각을 비교적 쉽게 표현할 수 있는 기법이다.

1자 긋기

커피 표면에 에칭도구를 1cm 정도 담근 상태에서 원하는 방향을 따라 직선을 긋는다. 1자 긋기는 끝이 뾰족하게 나오는 것이 포인트다.

S자 긋기

커피 표면에 에칭도구를 1cm 정도 담근 상태에서 원하는 방향을 따라 연속적으로 S자를 그린다. 에칭 기법에서 많이 응용되는 동작이며 균일한 S자를 그리는 것이 포인트다.

우유거품 에칭   갈색의 크레마 위에 흰색의 우유거품으로 여러 가지 모양을 만드는 기법이다.

초콜릿 에칭   갈색의 크레마와 흰색의 우유거품, 검은색의 초콜릿 소스가 조화를 이루는 기법으로, 세련되고 화려한 모양을 만들 수 있다.

O자 긋기
커피 표면에 에칭도구를 1cm 정도 담근 상태에서 원하는 방향을 따라 연속으로 O자를 그린다. O자 긋기는 원과 원이 겹쳐지지 않게 긋는 것이 포인트다.

여러 가지 라떼아트   바로붓기와 흔들기

하트
(바로붓기 응용)

준비과정으로 우유를 부어 크레마를 안정화한 후 잔의 50%까지 채운다.

잔의 1/3 지점에 하강하여 붓기를 시작하고 앞으로 약 1cm 정도 이동한다.

하트의 몸통을 만든다.

몸통이 만들어지면 스팀피처를 앞으로 이동시키면서 약 10cm 높이까지 올려 하트의 꼬리를 만든다.

하트
(흔들기 응용)

준비과정으로 우유를 부어 크레마를 안정화한 후 잔의 50%까지 채운다.

잔의 1/3 지점에 하강하여 붓기를 시작하고 좌우로 약 5~7회 흔들기를 한다.

흔들기를 멈추고 앞으로 약 1cm 정도 이동하여 붓기로 하트의 몸통을 만든다.

몸통이 만들어지면 스팀피처를 앞으로 이동시키면서 위로 들어올린다.

스팀피처를 잔에서 약 10cm 높이까지 올려 하트의 꼬리를 만든다.

Coffee Study

나뭇잎

준비과정으로 우유를 부어 크레마를 안정화한 후 잔의 50%까지 채운다.

잔 중앙에 하강하여 흔들기와 붓기로 나뭇잎의 밑 부분을 만든다.

밑 부분이 만들어지면 뒤로 이동하여 잎을 만든다.

잔의 뒤쪽 끝부분까지 잎을 만든다.

잎이 만들어지면 스팀피처를 약 10cm 높이까지 올린다.

스팀밀크의 굵기를 가늘게 유지한 상태로 천천히 앞으로 이동한다.

Coffee Study

준비과정 후 잔 중앙에 붓기로 첫 번째 원을 만든다.

첫 번째 원의 약 1cm 정도 위에 두 번째 원을 만든다.

두 번째 원 위에 붓기로 세 번째 원을 만든 후 스팀피처를 앞으로 이동시키면서 위로 들어올린다.

스팀밀크의 굵기를 가늘게 유지한 상태로 천천히 앞으로 이동한다.

줄기가 완성되면 마무리한다.

에칭

준비과정으로 우유를 부어 크레마를 안정화한 후 잔의 90%까지 채운다.

티스푼으로 우유거품을 떠 크레마 위에 작은 원 두 개를 만들어 올린다.

에칭도구를 이용해 바깥쪽에서 안쪽으로 1자 긋기를 한다.

작은 원 하나당 8번 1자 긋기를 한다.

마지막으로 크레마를 묻혀 꽃 중앙에 꽃술을 찍는다.

◯ 라인 꽃

준비과정으로 우유를 부어 크레마를 안정화한 후 잔의 50%까지 채운다.

잔의 1/3 지점에 하강하여 붓기를 시작한다.

붓기를 시작하면서 좌우로 약 10~15회 흔들기를 한다.

흔들기를 멈추고 앞으로 약 1cm 정도 이동하여 붓기로 원을 만든다.

에칭도구를 이용해 바깥쪽에서 안쪽으로 6번 1자 긋기를 한다.

우유거품을 묻혀 꽃의 줄기를 그린다.

마지막으로 크레마를 묻혀 꽃 중앙에 꽃술을 찍는다.

Coffee Study

국화

준비과정으로 우유를 부어 크레마를 안정화한 후 잔의 70%까지 채운다.

중앙에 작은 원을 만든다.

초코소스를 이용해 안쪽에서 바깥쪽으로 달팽이집 모양의 선을 그린다.

에칭도구를 이용해 바깥쪽에서 안쪽으로 1자 긋기를 한다.

8번 1자 긋기를 한다.

Coffee Study

꽃

준비과정으로 우유를 부어 크레마를 안정화한 후 잔의 70%까지 채운다.

잔 중앙에 작은 원을 만든다.

초코소스를 이용해 작은 원의 가장자리를 따라 첫 번째 원을 그린다.

초코소스를 이용해 첫 번째 원 바깥에 두 번째 원을 그린다.

에칭도구를 이용해 안쪽에서 바깥쪽으로 8번 1자 긋기를 한다.

선 사이사이에 바깥쪽에서 안쪽으로 8번 1자 긋기를 한다.

Coffee Study

PART 4

카페
메뉴

정통 카페메뉴는 크게 에스프레소를 기반으로 한 커피 음료와 과일주스, 스무디와 같은 논커피non-coffee 음료로 구분할 수 있다. 커피는 평소, 추출시간과 농도, 추출량의 상관관계에 따른 에스프레소의 종류별 차이점을 익혀두어 일정한 맛의 기준과 레시피를 정하는 것이 좋다. 추출한 에스프레소에 우유, 시럽, 크림 등을 첨가해 에스프레소 베리에이션 음료를 만들 때는, 부재료와 도구의 쓰임새를 파악해 놓아야 한다. 재료와 맛, 만드는 과정에 대한 꼼꼼한 이해가 바탕이 되면 바리스타의 기술과 개성을 발휘해 창작 메뉴를 개발할 수 있다.

주요 부재료

에스프레소에 우유, 시럽, 소스, 생크림 등을 넣어 맛과 향을 더한 커피를 에스프레소 베리에이션 음료라고 한다. 식감과 색감이 다양한 부재료를 적절히 활용하면 특별한 맛과 보는 재미까지 갖춘 카페메뉴를 만들 수 있다. 주요 부재료의 종류와 특징을 알아보고 온도와 향미, 식감 등을 고려해 적합한 것을 골라 완성도 높은 음료를 만들어보자.

시럽
Syrup

설탕을 물에 녹여 향을 첨가한 액체로 음료의 풍미를 더해주며 다양한 종류가 있다. 특히 아이스 음료를 만들 때는 찬물에 설탕이 잘 녹지 않기 때문에 설탕을 물과 함께 끓여 액체 상태로 보관한 설탕 시럽을 많이 사용한다. 그 외에 라떼나 마끼아또에 많이 활용하는 바닐라 시럽, 캐러멜 시럽이 대표적이며 딸기, 복숭아, 코코넛 등 과일향을 첨가한 시럽도 있다.

소스
Sauce

시럽보다 점성이 높은 걸쭉한 상태의 액체로 음료의 맛을 더할 뿐만 아니라 음료 위 밀크폼이나 크림 등에 끼얹어 장식용 재료로도 활용한다. 초콜릿, 화이트초콜릿, 캐러멜 소스가 대표적이며 카페모카나 캐러멜 마끼아또를 만들 때 주로 사용한다.

파우더
Powder

원재료를 가공해 만든 가루로 종류가 다양하고 간편하게 사용할 수 있다. 제철 재료를 쓰기 어려울 때 보다 쉽게 맛과 향을 낼 수 있으며, 음료 위에 뿌려 데커레이션도 가능하다. 하지만 과하게 쓸 경우 맛이 강해져 인위적인 느낌을 줄 수 있기 때문에 양을 적당히 조절해야 한다.

페이스트 & Paste 퓌레 Puree	페이스트와 퓌레는 과일, 견과류 등을 으깨거나 갈아 부드럽게 조리한 것으로 과일 주스, 셰이크, 스무디 등을 만들 때 활용한다. 파우더보다 재료 본연의 맛과 식감을 잘 살릴 수 있고, 음료 위 표면이나 사이사이에 층이 지도록 재료를 올려 시각적인 효과를 주기에도 좋다.
과일청 Fruit syrup	과일청은 깨끗이 손질한 과일에 설탕을 넣고 최소 일주일에서 한 달 정도 숙성시켜 만든다. 제철 과일의 과육과 식감을 살려 오랫동안 보관할 수 있으며, 설탕이 과육에 스며들어 있기 때문에 단맛을 낼 다른 재료를 더하지 않아도 된다. 과일청에 탄산수를 섞어 에이드를 만들거나 얼음을 넣고 갈아 스무디로 만들 수 있다.

페이스트와 퓌레

페이스트	페이스트는 과일이나 채소 따위를 완전히 갈아 불에 졸여 농축시킨 것을 말한다.
퓌레	퓌레는 과일이나 채소를 으깨서 체에 거른 것으로 페이스트보다는 농도가 더 묽다.

크림
Cream

우유를 가공해 만든 크림을 음료 위에 올리면 부드럽고 풍부한 맛을 더할 수 있다. 크림제품의 상용명은 휘핑크림으로 제조과정과 주요원료에 따라 종류가 나뉜다. 개봉한 휘핑크림은 24시간 이상, 3~5℃로 차게 보관해야 하며, 거품을 내지 않은 휘핑크림은 밀봉해 냉장보관하면 1주일 이상 사용 가능하다.

생크림 Fresh cream

동물성 크림으로 설탕과 다른 첨가물을 넣지 않아 진하고 고소한 맛을 느낄 수 있다. 유통기한은 약 1주일 정도로 길지 않기 때문에 보관에 유의해야 한다. 거품을 낼 때 질감이 단단하지 않고 형태 유지가 어렵다는 특징이 있으나 본연의 깊은 맛을 즐길 수 있다는 장점이 있다.

휘핑크림 Whipped cream

휘핑크림은 동물성 크림에 식물성 안정제, 유화제 등의 첨가물을 넣어 만든 식물성 가공크림으로 생크림에 비해 보존기간이 길다. 또한 거품을 냈을 때 모양이 단단하고 표면에 윤기가 흘러 형태 유지가 잘 되기 때문에 장식용으로 적합하다. 다만 자연스러운 맛은 생크림보다 덜하다.

가니쉬
Garnish

음료의 모양과 색감을 살리기 위해 곁들이는 재료, 혹은 장식 자체를 의미한다. 완성된 음료 위에 소스나 파우더, 생과일, 스틱과자 등을 올리거나 재료를 작게 잘라 잔 테두리에 꽂아줘도 되고, 음료 사이에 퓨레를 겹겹이 쌓아 올리는 방법도 있다.

술
liquor

아이리시 커피, 깔루아 커피, 뱅쇼 등 술이 들어간 커피를 칵테일 커피 혹은 커피 칵테일이라 한다. 커피와 잘 어울리는 술은 위스키, 브랜디, 깔루아 등이 있다. 깔루아는 커피를 주재료로 바닐라, 캐러멜 등의 향미를 첨가한 리큐어liquor*로 커피 칵테일을 만들 때 가장 많이 사용한다.

탄산수
Sparkling water

탄산수는 적당한 염류를 함유한 물에 탄산가스를 용해시킨 것으로 천연 탄산수와 인공 탄산수로 구분할 수 있다. 시중에 판매되는 것은 정제수에 탄산을 인위적으로 주입한 인공 탄산수이다. 에이드를 만들 때 주로 사용하며, 에스프레소와 섞어 커피 소다를 만들 수도 있다. 제품을 선택할 때는 에이드 원액의 맛을 잘 살릴 수 있고, 음료에 들어갔을 때 쓴맛이 나지 않는 것을 고려한다. 음료를 만들 때는 탄산수를 가장 나중에 넣어야 탄산이 날아가지 않는다.

아이스크림
Ice cream

우유에 설탕, 달걀, 향료, 색소 등을 넣고 휘저은 다음 얼린 것으로, 아이스크림을 음료에 넣어서 갈아주면 부드러운 맛의 셰이크 메뉴를 만들 수 있다. 커피와 곁들이는 경우로는, 바닐라 아이스크림에 에스프레소 샷을 끼얹어 먹는 아포가토가 대표적이며, 아이스 라떼에 아이스크림을 올려 달콤하게 즐기는 호주식 아이스 커피가 있다.

*증류주에 당분을 넣고 과일이나 꽃, 식물의 잎이나 뿌리 등을 넣어 맛과 향미를 첨가한 혼성주이다.

TIP   부재료 관리법

부재료 관리법
시럽, 소스, 파우더와 같이 당분이 많이 들어 있는 부재료는 온도와 습도 변화에 민감하기 때문에 보관에 주의를 기울여야 한다.

- 통풍이 잘되는 서늘한 곳이나 실온에 보관한다.
- 개봉 후에는 빠른 시일 내에 사용한다.
- 온도와 습도 변화가 심한 여름에는 파우더가 뭉치거나 변질될 수 있으므로, 이중 지퍼백에 담아 공기를 뺀 후 밀봉한다.
- 부재료를 소분해 사용할 경우 용기에 부재료명, 소분날짜, 유통기한, 개봉일시를 표기한다. 뚜껑에 마개가 있는 용기를 사용하는 것이 좋고, 정기적으로 주방세제와 용기 소독용 제품으로 세척해 사용한다.

과일 손질법
스무디나 주스, 잼, 청 등을 만들 때 쓸 과일은 세척 시, 표면에 남은 잔류 농약을 깨끗이 제거해야 한다.

- 오렌지나 레몬은 껍질 표면에 코팅왁스가 도포되어 있는 경우가 많아, 소금으로 과일 표면을 박박 씻어주거나 소주를 활용하면 코팅제의 기름 성분을 제거할 수 있다.
- 식초와 베이킹소다를 1:1 비율로 섞어 천연 세정제로 활용한다.

주요 장비 선택 및 관리법

블렌더
Blender

각종 재료를 갈아 혼합하거나 스무디, 셰이크와 같은 아이스 음료를 만들 때 사용한다. 얼음처럼 딱딱한 재료를 갈면서 모터와 칼날이 마모되기 때문에 제품을 고를 때는 내구성, 디자인과 함께 모터와 칼날의 강도도 유의해서 살펴본다.

블렌더 청소

블렌더 볼에 따뜻한 물과 전용 세정제를 넣고 작동하면 날이 회전하면서 사이사이에 끼어 있던 각종 재료들이 나오게 된다. 세정 후에는 반드시 뒤집어서 물기를 제거하고 부드러운 린넨으로 칼날 부분의 물기와 각종 먼지 등을 깨끗하게 닦아낸다.

휘핑기
Whipper

음료 위에 올릴 휘핑크림을 만드는 기구나. 빠르고 간편하게 크림을 만들 수 있다는 장점이 있다. 휘핑기 안에 생크림이나 휘핑크림을 넣고 질소가스를 주입한 뒤, 잘 섞이도록 거꾸로 들고 흔들어주면 단단한 질감의 크림이 만들어진다. 휘핑노즐을 끼우고 적당한 힘으로 손잡이를 눌러 크림을 짠다.

휘핑기 청소

부품을 모두 분리하기 전에 남아있는 가스와 크림을 모두 버린다. 뚜껑을 열고 휘핑기를 분리할 때는 미지근한 물로 안에 남은 크림을 닦아내고 뚜껑의 고무 개스킷, 가스캡과 노즐, 핀부품 등을 분리하여 청소솔을 이용해 다시 미지근한 물로 세척 후 잘 말린다.

제빙기
Ice maker

대량의 얼음을 만들고 보관하는 기계로, 기기에 따라 원형, 큐브형 등 얼음의 모양이 다양하게 만들어진다.

제빙기 청소

제빙기의 상태가 좋지 않으면, 제빙 속도가 느려지거나 기계 주변의 온도가 높아진다. 청소를 할 때는 물이 닿고 얼음이 만들어지는 부분을 중심으로 청결히 관리해야 한다. 부드러운 솔로 응축기의 먼지를 제거하고 내부 물받이와 에어커튼의 물때를 천이나 스펀지로 닦아낸다. 정기적인 배수관 교체와 소독 과정은 필수다.

빙삭기
Ice-shaving machine

빙수나 아이스 음료에 들어갈 분쇄 얼음을 만들 때 사용한다. 종류에 따라 얼음의 입자 굵기에 차이가 있어 다양한 모양과 식감을 가진 빙수와 아이스 음료를 만들 수 있다.

빙삭기 청소

칼날이 위치한 빙삭판 물받이를 분리하여 식초나 전용 크리너를 사용해 부드러운 솔로 문질러 세척한다. 물기가 남지 않도록 잘 건조시키는 것이 중요하다. 우유얼음을 넣는 빙삭기의 경우 우유 찌꺼기가 남아 불쾌한 냄새가 날 수 있으므로 세척에 더욱 유의한다.

| 잔 선택 및
관리법 |
|---|

추출한 커피나 완성한 음료를 담을 알맞은 잔을 고르는 것도 중요하다. 잔의 두께와 형태, 재질에 따라 입에 닿을 때의 촉감이 달라 커피의 맛과 향이 다르게 전달되고, 음료의 온도를 유지하는 데도 영향을 미치기 때문이다. 제품을 고를 때는 내구성과 함께 음료의 특성을 시각적으로도 살릴 수 있는 디자인을 따져 보아야 한다.

재질별 잔

세라믹 잔 Ceramic cup

일반적으로 도자기 제품을 일컫는 세라믹 잔은 일정한 모양으로 만들어 고온에 구워낸 만큼, 열에 강하고 보온과 예열 효과가 뛰어나다. 커피 향미는 온도 변화에 결정적인 영향을 받기 때문에 온도를 유지하는 기능이 좋은 잔을 선택해야 한다. 세라믹 잔은 열을 보존하는 성능이 다른 잔보다 뛰어나 따뜻한 커피를 낼 때 주로 사용하며, 추출 전에 잔을 예열하고 완성된 커피를 담는 것이 좋다.

TIP 좋은 세라믹 잔

- 가볍게 두드렸을 때 맑은 소리가 울려 퍼지는 것
- 표면이 매끄럽고 감촉이 좋은 것

다양한 형태의 글라스 잔

〈콘래드 서울 10G〉의 바밤바 라떼

〈카페 알베르게〉의 카페 봄본

〈콩당콩당〉의 골드 마키아또

〈사루〉의 모사부카

〈와디〉의 와디비어

〈모이커피클래식〉의 모래사막

〈지구촌〉의 에스프레소 마티니

〈TAKE C〉의 마약크림

글라스 잔 Glass cup

투명한 유리잔에 음료를 담으면 색감이 그대로 드러나 시각적 효과가 뛰어나다. 유리잔을 만들 때 사용되는 유리는 크게 소다석회유리와 내열강화유리로 나뉜다. 소다석회유리로 만든 잔은 뜨거운 물을 붓고 바로 차가운 물을 부으면 깨질 수가 있다. 반면 내열강화유리로 만든 잔은 비교적 열에 잘 견디고 강도가 높아 뜨거운 음료를 담을 때 사용한다. 글라스 잔을 고를 때는 모양, 투명도 등을 고려해야 하며 컵 둘레가 매끄럽고 깨끗한 것을 선택한다.

TIP	글라스 잔 관리

따뜻한 물에 세제를 풀어 부드러운 천 등으로 닦아내고 물기가 남지 않도록 잘 말려야 한다. 물기를 제대로 제거하지 않으면 잔에 얼룩이 져 청결해 보이지 않을 수 있다.

메뉴별 잔

데미타세 Demitasse
에스프레소를 담는 작은 잔으로 보통 60~75㎖ 용량이며, 잔과 손잡이의 두께가 두꺼워 커피가 빨리 식는 것을 막아준다. 잔 안쪽에 곡선처리가 되어 있어 잔에 바로 에스프레소를 추출해도 커피가 밖으로 튀지 않는다.

카푸치노 잔 Cappuccino cup
카푸치노는 보통 150~180㎖ 용량의 잔에 담는다. 따뜻한 카푸치노는 온도를 유지해 향미를 충분히 즐길 수 있도록, 둘레가 넓으면서 곡선 형태인 세라믹 잔에 낸다. 차가운 카푸치노는 투명한 글라스 잔에 담으면 에스프레소와 우유 거품층을 확인하기 좋다.

카페라떼 잔 Caffe latte cup
카페라떼는 카푸치노 잔보다 크기가 조금 더 큰 250~350㎖ 용량의 잔에 담는다. 지름이 넓은 잔을 선택하면 라떼아트를 하기에 좋다. 한편, 일반 라떼보다 양이 적고 향미가 진한 플랫 화이트의 경우에는 좀 더 작은 잔에 담아 제공한다. 에스프레소와 우유의 비율을 고려해 적절한 크기의 잔을 선택한다.

카페오레 잔 Caffe au lait cup
카페오레는 진하게 추출한 커피에 따뜻한 우유와 설탕을 넣어 큰 잔에 담아 마신다. 카페라떼 잔보다 지름이 넓고 400㎖ 이상의 용량으로 선택한다. 카페오레 잔은 음료뿐만 아니라 수프나 밀크티 등을 담는 볼로 쓸 수도 있다.

머그잔 Mug
손잡이가 있는 원통형의 잔으로 두께가 두툼하고 모양과 크기, 디자인이 다양하다. 여러 음료를 담을 수 있지만 보온성이 좋아 따뜻한 음료를 오래 두고 마실 때 사용하기 좋고, 컵 가장자리 부분이 바깥쪽으로 벌어져 있어 입술이 닿았을 때의 촉감과 음료를 마시는 느낌이 편안하다.

아이스 음료 잔 Ice cup

얼음이 들어간 아이스 음료는 용량이 좀 더 여유롭고 모양이 긴 유리잔이나 차가운 온도를 유지하기 좋은 스테인리스 잔을 사용한다. 스테인리스 잔은 차가운 음료를 잡기 편하고 내구성이 좋아 깨지기 쉬운 유리잔의 단점을 보완해준다. 시럽이나 퓌레를 넣은 베리에이션 음료를 투명한 유리잔에 담으면 색깔을 확인하기 좋다. 손님에게 음료를 낼 때는 섞어 마시기 편하도록 스트로를 꽂아 제공한다.

테이크아웃 잔 Take-out cup

테이크아웃 잔은 음료의 양에 따라 잔의 크기가 다르고, 따뜻한 음료는 종이로 된 잔에, 차가운 음료는 플라스틱 잔에 담아 제공한다. 손잡이가 따로 없어 음료를 잡기 쉽게 컵홀더를 끼워 사용한다. 최근에는 테이크아웃 잔을 다양하게 활용해 음료의 특징이나 카페의 개성을 드러내는 경우가 많다. 컵 자체에 시그니처 캐릭터나 로고를 프린팅하기도 하고, 컵홀더 대신 두 개의 컵을 포개 온도를 유지하기도 한다. 또한 잔을 덮는 뚜껑인 리드Lid도 종류가 더욱 다양해지고 있다. 리드의 절반이 열고 닫는 부분으로 구성되어 있는 뷰리드View lid는 라떼 아트를 확인하기 수월하다. 음료를 마시는 부분이 양쪽으로 있되, 경사가 달라 향미를 느끼는데 적합한 머그 리드Mug lid도 있다.

에스프레소 베리에이션 음료 제조

기본에 충실하면서도 다채로운 음료를 선보이기 위해서는 평소 각 메뉴의 특징을 잘 정리해두는 것이 좋다.

에스프레소 베리에이션 음료 한눈에 보기

	카페라떼 Cafe Latte	카페모카 Cafe Mocha	카푸치노 Cappuccino	에스프레소 마끼아또 Espresso Macchiato
특징	라떼latte는 이탈리아어로 우유를 뜻한다. 에스프레소에 우유를 넣어 부드러운 맛이 특징으로, 카푸치노보다 우유거품 층이 얇다.	에스프레소에 우유, 초콜릿 소스를 더해 달달한 풍미를 느낄 수 있고 음료 위에 생크림을 올려 내기도 한다.	라떼에 비해 스팀밀크의 양은 적고, 우유거품은 더 풍성하다. 우유거품의 상태에 따라 웻wet 카푸치노와 드라이dry 카푸치노로 나뉜다.	에스프레소 표면 위에 우유거품을 점찍듯 얇게 얹어, 에스프레소의 진한 향미와 우유거품의 부드러운 식감을 함께 느낄 수 있다. 카페 마끼아또로도 불린다.
레시피	에스프레소샷 + 스팀밀크 + 우유거품	초콜릿 소스 + 에스프레소샷 + 스팀밀크	에스프레소샷 + 스팀밀크 + 우유거품	에스프레소샷 + 우유거품

TIP   **음료 맛의 차이**

우유와 우유거품을 혼합하는 비율, 우유 스티밍 시 온도와 방식, 에스프레소 추출 변수 등에 따라 같은 이름의 메뉴 안에서도 맛의 차이가 생길 수 있다.

레시피 기준

재료의 양

- 에스프레소 1샷 - 30㎖
- 얼음 1개 - 15g

주의사항

- 커피를 넣은 음료의 경우, 사용한 원두의 품종, 품질, 블랜딩 및 로스팅, 추출 방식 등에 따라 맛이 달라질 수 있다.
- 얼음이 들어가거나 얼음을 갈아서 만든 음료는 농도에 주의하여 적당한 개수를 조절해야 한다.

기본 메뉴

아메리카노
Americano

아메리카노는 에스프레소에 물을 섞어 마시는 커피로, 연한 커피를 즐기던 미국인들이 이탈리아의 진한 에스프레소에 물을 부어 마시게 된 데서 유래됐다. 에스프레소의 진한 농도와 특유의 강한 향미가 덜어져 부드럽고 깔끔한 맛이 특징이며 물의 양을 자유롭게 조절하거나 설탕이나 다양한 시럽을 넣어 기호에 맞게 즐길 수 있다.

재료
뜨거운 물 240㎖
에스프레소 1샷

레시피
1. 잔에 에스프레소를 따른다.
2. 뜨거운 물을 붓는다.

재료

얼음 8개
차가운 물 200㎖
에스프레소 2샷

레시피

1. 잔에 얼음을 가득 담는다.
2. 차가운 물을 잔의 9부까지 따른다.
3. 에스프레소를 붓는다.

✔ 아이스 아메리카노는 얼음이 녹으면서 농도와 맛이 연해지기 때문에 에스프레소의 농도와 물의 양을 적절히 조절해야 한다.

TIP **아메리카노와 롱 블랙**

호주와 뉴질랜드에서는 아메리카노가 롱 블랙Long black으로 통한다. 아메리카노와 롱 블랙의 차이는 에스프레소와 물을 붓는 순서의 차이라고 할 수 있다. 아메리카노는 에스프레소를 따르고 뜨거운 물을 더하지만, 롱 블랙은 뜨거운 물을 먼저 따르고 에스프레소를 붓는다. 롱 블랙은 표면 위에 크레마가 남아 있고 커피 향미가 진하며, 아메리카노는 그에 비해 부드럽게 느껴질 수 있지만 큰 차이가 나는 것은 아니다. 카페에서 메뉴를 제공할 때는 아메리카노와 롱블랙의 차이를 특별히 구분하지 않고 있다.

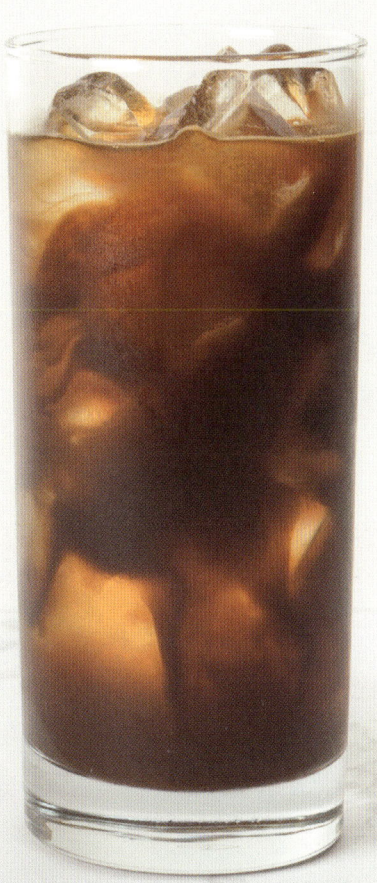

카페라떼
Cafe Latte

이탈리아어로 카페caffe는 커피, 라떼latte는 우유를 뜻하며, 카페라떼는 에스프레소에 우유를 섞어 고소한 맛을 더한 커피다. 에스프레소와 우유의 종류, 비율에 따라 다양한 맛을 낼 수 있고 메이플, 바닐라, 캐러멜 등 여러 시럽을 넣어 응용할 수도 있다.

재료
에스프레소 1샷
스팀밀크 170㎖

레시피
1. 잔에 에스프레소를 붓는다.
2. 스팀피처에 우유를 넣고 스티밍한다.
3. 스티밍한 우유를 에스프레소 위에 따른다.

ICE

재료
얼음 8개
에스프레소 2샷
우유 100㎖

레시피
1. 잔에 얼음을 가득 담는다.
2. 추출한 에스프레소를 따른다.
3. 우유를 잔의 9부까지 붓는다.

플랫 화이트
Flat White

플랫 화이트는 호주식 카페라떼라 할 수 있다. 평평한Flat 우유White를 의미하며 카페라떼와 비교했을 때 우유보다 에스프레소의 비중이 크고, 적은 양의 우유 거품을 얇게 올리는 것이 특징이다. 우유의 양이 적어 진하고 고소한 커피 맛이 두드러지며 일반 라떼보다 작은 잔에 담아 제공한다. 호주, 뉴질랜드, 영국 등에서 많이 접할 수 있는데 '작은 라떼다', '작은 카푸치노다', '거품이 없는 라떼다' 등 나라별로 주장하는 바가 달라 레시피는 여전히 불명확한 편이다. 일반적으로 라떼보다는 작은 160㎖ 정도의 잔에 제공되며, 카푸치노 폼보다 얇은flat 폼이 올라간다.

재료

에스프레소 2샷
스팀밀크 200㎖

레시피

1. 잔에 에스프레소를 따른다.
2. 스팀피처에 우유를 넣고 스티밍한다.
3. 에스프레소에 스티밍한 우유를 붓는다.
4. 바 스푼으로 우유거품을 살짝 떠서 올린다.

TIP　　　　**플랫화이트의 우유거품**

- 우유거품의 양이 적어야 하므로 스티밍을 할 때, 공기 주입을 최대한 줄이고 빠른 속도로 롤링한다. 이렇게 하면 질감도 좋은 스팀밀크를 만들 수 있다.
- 일반적인 라떼에 올라가는 우유거품이 약 1㎝ 두께라면 플랫 화이트의 우유거품은 1㎜ 정도로 크게 차이가 난다.

에스프레소 마끼아또
Espresso Macchiato

마끼아또Macchiato는 이탈리아어로 '점을 찍다', '얼룩지다'라는 의미다. 에스프레소 마끼아또는 에스프레소 위에 우유거품을 점찍은 듯이 약간 얹은 커피이며 카페 마끼아또라 부르기도 한다. 에스프레소의 진한 향미와 우유거품의 부드러운 맛을 함께 느낄 수 있고, 시럽이나 소스를 얹어 응용해 기호에 맞게 즐길 수 있다.

재료
에스프레소 1샷
스팀밀크

레시피
1. 잔에 에스프레소를 따른다.
2. 스팀피처에 우유를 넣고 스티밍한다.
3. 바 스푼으로 우유거품을 떠서 에스프레소 위에 올린다.

TIP 우유거품 올리기

우유거품을 올릴 때는 에스프레소의 크레마를 전부 덮지 말고 살짝만 올려 모양을 낸다.

라떼 마끼아또
Latte Macchiato

라떼 마끼아또는 투명한 유리잔에 스팀밀크와 에스프레소를 넣어 만든다. 라떼는 에스프레소를 먼저 붓고 그 위에 우유를 따라낸다면 라떼 마끼아또는 우유를 먼저 붓고 에스프레소 샷을 넣는다. 우유와 에스프레소를 섞지 않아 고소한 우유향을 더욱 잘 느낄 수 있다.

재료
에스프레소 2샷
스팀밀크 180㎖

레시피
1. 투명한 잔에 스팀밀크를 따른다.
2. 우유 위에 에스프레소를 얼룩을 만들듯이 천천히 붓는다.

라떼 마끼아또와 에스프레소 마끼아또

카페 마끼아또와 라떼 마끼아또는 둘 다 우유거품과 에스프레소층이 드러나는 메뉴다. 카페 마끼아또는 에스프레소를, 라떼 마끼아또는 우유를 먼저 담는다는 순서의 차이가 있다.

	에스프레소 마끼아또	라떼 마끼아또
순서	에스프레소 추출 → 스팀밀크 올리기	스팀밀크 먼저 붓기 → 에스프레소 넣기
용량	약 3oz = 90㎖	약 8oz = 250㎖
맛	진한 에스프레소와 우유거품의 부드러움	커피 우유 느낌의 부드러운 맛

Coffee Study

카푸치노
Cappuccino

카푸치노는 에스프레소와 스팀밀크를 넣고 그 위에 우유거품을 올려내 밀크폼과 커피의 조합, 입에 닿았을 때 느껴지는 촉감이 중요한 정통 커피 메뉴다. 카페라떼보다 우유거품이 많고 부드러운 질감, 에스프레소와 우유의 진하고 고소한 맛이 조화를 이룬다. 우유거품의 상태에 따라 웻 카푸치노와 드라이 카푸치노로 나뉘고 기호에 따라 시나몬파우더, 코코아파우더 등을 뿌려 마시기도 한다.

재료
에스프레소 1샷
스팀밀크 150㎖

레시피
1. 잔에 에스프레소를 따른다.
2. 스팀피처에 우유를 넣고 스티밍한다.
3. 에스프레소에 스팀밀크를 붓는다.

재료

얼음 8개
에스프레소 2샷
우유 300㎖

레시피

1. 거품기로 우유거품을 만든다. 스티밍을 할 경우에는 온도가 많이 올라가지 않도록 짧은 시간에 마친다.
2. 잔에 얼음을 가득 담는다.
3. 우유를 잔의 7부까지 붓는다.
4. 우유 위에 에스프레소를 따른다.
5. 바 스푼으로 우유거품을 떠서 에스프레소 위에 올린다.

웻 카푸치노와 드라이 카푸치노

	웻 카푸치노	드라이 카푸치노
상태	우유와 거품이 혼합	우유와 거품이 분리
맛 특징	질감과 맛이 크림처럼 부드러움	커피 농도와 향미가 진함

샤커레또
Shakerrato

샤커레또는 이탈리아어로 '흔들다'는 의미이며 셰이커에 에스프레소와 얼음을 넣고 흔들어서 차갑게 만들어 마시는 커피다. 진한 에스프레소와 자연스럽게 만들어진 거품이 조화를 이루어 시원하고 부드러운 맛을 즐길 수 있다. 취향에 따라 설탕이나 시럽을 넣어 만들기도 한다.

ICE

재료
얼음 5개
에스프레소 2샷

레시피
1. 셰이커에 얼음과 추출한 에스프레소를 넣고 흔든다.
2. 유리잔에 완성된 음료를 따른다.

카푸치노 프레도
Cappuccino Freddo

프레도Freddo는 이탈리아어로 거품이 있는 아이스 음료를 말한다. 카푸치노 프레도는 셰이커에 에스프레소와 우유, 설탕 시럽, 얼음을 넣고 흔들어 제조하여 시원하게 즐기는 커피로 셰이킹할 때 만들어진 자연스러운 거품 덕에 부드럽고 고소한 맛이 특징이다.

재료
얼음
에스프레소 2샷

레시피
1. 셰이커에 얼음 5개와 에스프레소, 우유, 설탕 시럽을 넣고 흔든다.
2. 얼음을 담은 유리잔에 완성된 음료를 따른다.

에스프레소 콘파냐

Espresso Con Panna

이탈리아어로 콘con은 '더하다, 넣다', 파냐panna는 '크림'을 뜻하며 에스프레소 콘파냐는 말 그대로 에스프레소 위에 크림을 올린 커피다. 에스프레소의 진한 향미가 부담스러울 때 즐기기 좋고, 설탕이나 시럽을 넣은 것보다 담백한 맛이 특징이다.

재료
에스프레소 1샷
휘핑크림

레시피
1. 잔에 에스프레소를 따른다.
2. 에스프레소 위에 휘핑한 크림을 올린다.

✔ 크림은 대개 스푼으로 떠먹을 수 있도록 휘핑크림을 묵직하게 올리기도 하고, 거품기로 살짝 쳐낸 액체 타입의 크림을 올려 부드럽게 즐기기도 한다.

비엔나 커피

Vienna Coffee

아메리카노 위에 크림을 소복이 올려 즐기는 비엔나 커피는 '아인슈페너Einspanner'라 부르기도 한다. 아인슈페너는 마차를 뜻하며, 오스트리아의 마부들이 흔들리는 마차 위에서도 뜨거운 커피를 마시기 위해 고안한 데서 유래됐다. 크림을 곁들이는 메뉴이기 때문에 커피를 진하게 추출하는 것이 좋고, 기호에 따라 설탕이나 우유를 넣어 단맛을 더할 수도 있다.

재료

에스프레소 2샷
뜨거운 물 100㎖
생크림

레시피

1. 잔에 에스프레소를 따른다.
2. 뜨거운 물을 붓는다.
3. 휘핑한 생크림을 위에 올려 완성한다.

응용 메뉴

커피 프라페
Coffee Frappe

프라페Frappe는 프랑스어로 얼음을 넣어 차갑게 만든 음료를 말한다. 에스프레소, 우유, 카페라떼 프라페파우더와 얼음을 넣고 갈면 시원하면서도 사각사각한 식감이 인상적인 커피 프라페를 만들 수 있다. 카페라떼 프라페파우더 대신 녹차, 초코, 바닐라 등 다양한 파우더를 활용해 응용할 수 있다.

ICE

재료
우유 60㎖
에스프레소 1샷
초코소스 30㎖
카페라떼 프라페파우더 35g
얼음 14개

레시피
1. 블렌더에 우유, 에스프레소, 초코소스, 카페라떼 프라페파우더, 얼음을 넣고 간다.
2. 음료를 잔에 담고 기호에 따라 휘핑크림과 메이플 시럽 등을 올려 완성한다.

호주식 아이스 커피

호주식 아이스 커피는 글라스 잔에 에스프레소 2샷과 차가운 우유를 붓고 그 위에 바닐라 아이스크림을 한 스쿱 크게 떠 넣어 달콤하고 시원하게 즐기는 음료다.

ICE

재료
얼음
바닐라 아이스크림
우유 130㎖
에스프레소 2샷
초코파우더

레시피
1. 잔에 얼음을 담는다.
2. 우유를 넣는다.
3. 에스프레소를 넣는다.
4. 바닐라 아이스크림을 넣는다.
5. 아이스크림 위에 초코파우더를 뿌려 완성한다.

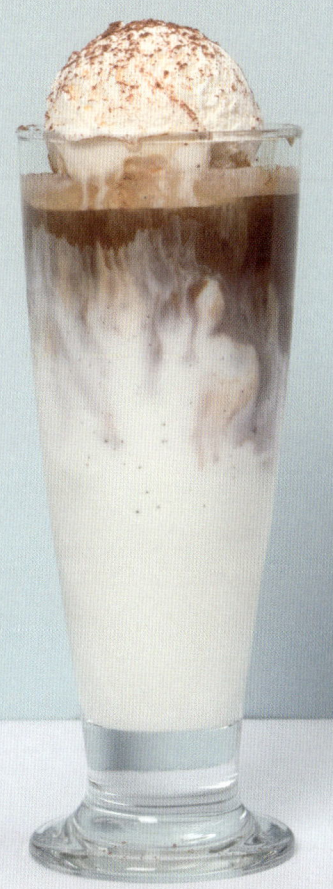

캐러멜 마끼아또
Caramel Macchiato

캐러멜 마끼아또는 에스프레소 마끼아또나 라떼 마끼아또에 캐러멜 시럽이나 소스를 더한 음료다. 캐러멜 향과 단맛이 더해져 커피의 쌉싸름한 맛이 부담스러울 때 즐기기 좋다. 음료 위에 크림을 올려 부드럽게 마실 수도 있는데, 이때는 시럽이나 소스의 양을 조절하여 과한 단맛이 나지 않도록 유의한다.

재료
캐러멜 소스 30㎖
에스프레소 2샷
스팀밀크 260㎖

레시피
1. 잔에 캐러멜 소스를 따른다.
2. 소스 위에 에스프레소를 넣고 잘 섞는다.
3. 스팀피처에 우유를 넣고 스티밍한다.
4. 스티밍한 우유를 넣는다.
5. 우유거품을 올린 뒤 캐러멜 소스를 뿌려 완성한다.

재료
얼음 8개
캐러멜 시럽 20㎖
우유 100㎖
에스프레소 2샷
휘핑크림
캐러멜 소스

레시피
1. 잔에 얼음을 담는다.
2. 캐러멜 시럽을 붓고 우유를 넣는다.
3. 에스프레소를 따른다.
4. 휘핑크림을 올린 뒤 캐러멜 소스를 뿌려 완성한다.

✔ 우유거품을 올린 음료 위에 캐러멜 소스로 에칭을 할 수도 있다. 표면을 우유거품으로 완전히 덮어야 모양을 깔끔하게 그릴 수 있다.

✔ 차가운 음료에는 시럽을, 뜨거운 음료에는 소스를 주로 쓰는데 시럽이 소스에 비해 낮은 온도에도 잘 녹기 때문이다.

카페 모카
Cafe Mocha

카페 모카는 에스프레소에 우유와 초코소스를 넣고 풍미를 더한 음료로 달콤한 초콜릿 향미가 에스프레소의 쌉싸름한 맛을 덜어줘, 에스프레소를 부담스러워하는 사람도 즐길 수 있는 메뉴다.

재료
초코소스 30㎖
에스프레소 1샷
스팀밀크 200㎖
초코파우더
휘핑크림

레시피
1. 잔에 초코소스를 붓는다.
2. 소스 위에 에스프레소를 넣고 잘 섞는다.
3. 스팀피처에 우유를 넣고 스티밍한다.
4. 에스프레소에 우유를 붓고 초코파우더를 뿌려 완성한다. 기호에 따라 휘핑크림을 올려도 좋다.

ICE

재료

초코소스 30㎖
에스프레소 2샷
얼음 8개
초코파우더
휘핑크림

레시피

1. 계량컵에 초코소스를 넣는다.
2. 소스 위에 에스프레소를 붓고 잘 섞는다.
3. 유리잔에 얼음을 가득 담는다.
4. 우유를 잔의 8부까지 붓는다.
5. 초코소스와 에스프레소를 섞은 것을 잔에 따른다.
6. 휘핑크림을 올리고 초코파우더를 뿌려 완성한다.

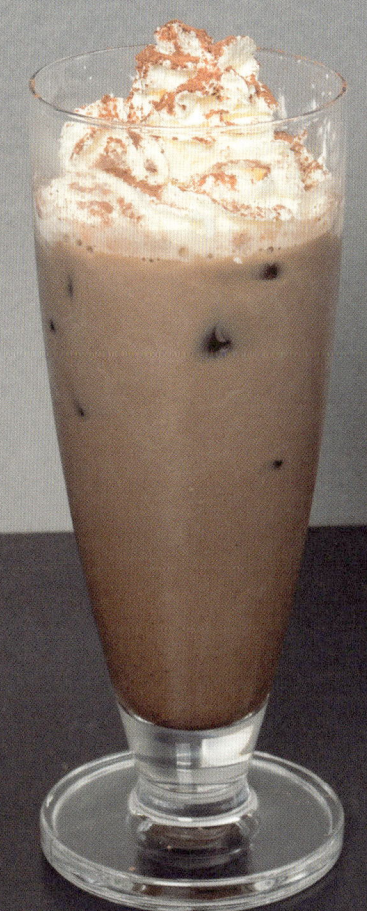

바닐라 라떼
Vanilla Latte

카페라떼에 바닐라 시럽을 추가해 은은하면서도 달콤한 맛을 더한 음료다.

재료
바닐라 시럽 15㎖
에스프레소 1샷
스팀밀크 360㎖

레시피
1. 잔에 바닐라 시럽을 넣는다.
2. 시럽 위에 에스프레소를 붓는다.
3. 스팀피처에 우유를 넣고 스티밍한다.
4. 에스프레소 위에 스팀밀크를 붓는다.

ICE

재료
바닐라 시럽 15㎖
우유
얼음
에스프레소 1샷

레시피
1. 유리잔에 바닐라 시럽을 넣는다.
2. 시럽 위에 우유를 약간만 부어 시럽이 다 녹을 때까지 바 스푼으로 잘 섞는다.
3. 얼음을 잔에 가득 담는다.
4. 우유를 잔의 9부까지 붓는다.
5. 에스프레소를 붓는다.

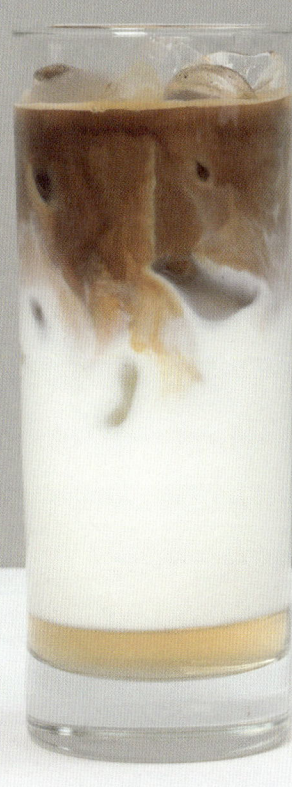

오렌지 카푸치노
Orange Cappuccino

카푸치노에 오렌지 시럽을 더해 만든 음료로 상큼한 맛이 인상적이다. 풍성한 우유거품 위에 오렌지를 올려주어 보는 즐거움을 더한다.

재료

오렌지 시럽 20㎖
스팀밀크 200㎖
에스프레소 1샷
오렌지슬라이스 1개

레시피

1. 잔에 오렌지 시럽을 넣는다.
2. 스팀피처에 우유를 넣고 스티밍한다.
3. 시럽 위에 잔의 9부까지 스팀밀크를 따른다.
4. 에스프레소를 넣고 우유거품으로 잔을 가득 채운다.
5. 우유거품 위에 오렌지슬라이스로 장식해 완성한다.

아이리시 커피
Irish Coffee

아이리시 커피는 아이리시 위스키와 에스프레소를 섞은 다음 크림을 얹어 즐기는 커피다. 도수가 높은 위스키가 몸을 따뜻하게 해주며, 위스키의 묵직한 향미와 생크림의 부드러운 질감이 독특한 맛의 조화를 이룬다.

재료
아이리시 위스키 30㎖
황설탕 5g
에스프레소 1샷
생크림

레시피
1. 잔에 아이리시 위스키를 넣는다.
2. 위스키에 갈색설탕을 넣고, 바 스푼으로 잘 섞는다.
3. 에스프레소와 뜨거운 물을 넣는다.
4. 에스프레소 위에 크림을 가득 올려 완성한다.

아포가토
Affogato

차가운 바닐라 아이스크림에 에스프레소를 끼얹어 먹는 메뉴로 아이스크림과 뜨거운 커피가 달콤하고 부드럽게 어우러진다. 고객에게 제공할 때는 에스프레소를 따로 내어 커피의 양을 기호에 맞게 조절할 수 있도록 하는 것이 좋다. 초코파우더나 과자, 견과류 등을 토핑하기도 한다.

재료
바닐라 아이스크림 1~2스쿱
초코파우더
에스프레소 1샷

레시피
1. 잔에 바닐라 아이스크림을 넣는다.
2. 아이스크림 위에 초코파우더를 뿌린다.
3. 에스프레소를 골고루 붓는다.

논 커피 메뉴

핫초콜릿
Hot Chocolate

초코 소스나 초코파우더, 혹은 직접 중탕한 초콜릿과 우유를 섞어 마시는 음료다. 초콜릿의 진한 풍미와 부드러운 우유 맛이 조화를 이루어 누구나 부담없이 즐길 수 있다. 우유거품이나 초코파우더를 올려 장식을 더해도 좋다.

재료

커버처 초콜릿 50g
스팀밀크 300㎖
초코파우더

레시피

1. 커버처 초콜릿을 중탕으로 녹인다.
2. 녹은 초콜릿을 잔에 붓는다.
3. 초콜릿 위에 스팀밀크를 잔의 9부까지 따른다.
4. 우유거품으로 잔을 가득 채우고 초코파우더를 뿌려 완성한다.

ICE

재료
커버처 초콜릿 50g
우유 150㎖
얼음 8개
초코파우더

레시피
1. 커버처 초콜릿을 중탕으로 녹인다.
2. 계량컵에 녹인 초콜릿과 우유를 약간 넣고 잘 섞는다.
3. 우유와 섞은 초콜릿을 잔에 붓고 얼음을 담는다.
4. 우유거품을 만든다.
5. 잔에 우유를 따르고 우유거품을 올려 완성한다.

그린티 라떼
Green Tea Latte

녹차파우더를 우유와 섞어 만드는 음료로 쌉싸름한 녹차 향과 부드러운 우유의 질감이 잘 어우러진다.

재료
녹차파우더 30g
스팀밀크 300㎖

레시피
1. 스팀피처에 밀크 스티밍을 한다.
2. 계량컵에 녹차파우더와 스팀밀크를 넣고 잘 섞는다.
3. 잔에 음료를 옮겨 담고 스팀밀크를 가득 넣어 완성한다.

ICE

재료
녹차파우더 30g
우유 200㎖
얼음 8개

레시피
1. 계량컵에 녹차파우더와 우유를 약간 넣고 잘 섞는다.
2. 잔에 얼음을 담는다.
3. 얼음을 채운 잔에 우유를 따른다.
4. 녹차파우더와 우유를 섞은 것을 잔에 붓는다.

아몬드 라떼
Almond Latte

에스프레소에 일반 우유 대신 아몬드 우유를 넣어 만든 아몬드 라떼는 부드럽고 고소한 맛이 특징이며, 우유를 잘 소화하지 못하는 사람도 부담없이 즐길 수 있는 음료다.

재료
에스프레소 1샷
아몬드 우유 190㎖
우유거품

레시피
1. 스팀피처에 우유를 넣고 스티밍한다.
2. 잔에 에스프레소와 아몬드 우유를 따른다.
3. 음료 위에 우유거품을 얇게 올려 완성한다.

✔ 아몬드 우유 대신 아몬드파우더와 스팀밀크를 사용해도 된다.

재료
얼음 8개
차가운 물 150㎖
에스프레소 2샷
아몬드 우유 150㎖

레시피
1. 잔에 얼음을 넣는다.
2. 얼음 위에 에스프레소와 아몬드 우유를 따른다.

고구마 라떼
Sweet Potato Latte

고구마와 생크림, 우유를 넣고 갈아 만든 음료인 고구마 라떼는 달콤하고 부드러운 맛이 특징이다.

재료
우유 200㎖
설탕시럽 30㎖
생크림 30㎖
군고구마 100g

레시피
1. 블렌더에 우유, 설탕시럽, 생크림, 군고구마를 넣고 간다.
2. 스팀피처에 우유를 스티밍한다.
3. 잔에 음료를 따르고 스팀밀크를 부어 완성한다.

로얄 밀크티
Royal Milk Tea

뜨거운 물에 홍차를 우려 우유와 섞으면 밀크티가 된다. 우유에 홍차를 넣고 끓여내는 스리랑카식 티인 차이chai를 일본에서는 로얄 밀크티라고 부른 것에서 그 이름이 유래됐다. 깔끔하고 부드러운 홍차 향미와 고소한 우유 맛이 잘 어우러진다.

재료
물 150㎖
찻잎 5g
우유 150㎖
설탕 적당량

레시피
1. 밀크팬에 물을 넣고 끓인다.
2. 찻잎을 넣어 2~3분 동안 다시 약한 불에서 우려낸다.
3. 물의 양과 같은 양의 우유를 넣고 다시 끓이다 우유에 기포가 생기기 시작하면 멈춘다.
4. 설탕이나 시럽 등을 적당량 섞고, 스트레이너로 찻잎을 걸러내 잔에 음료를 담는다.

생과일 음료
Fresh Fruit Beverage

과일과 얼음을 갈아 만든 생과일 음료는 달콤하면서도 시원한 맛이 특징으로 과육을 완전히 갈기보다는 알맹이의 씹히는 식감을 살려, 먹는 재미를 더하는 것이 좋다.

딸기 스무디
Strawberry Smoothie

재료
물 20㎖
설탕시럽 30㎖
얼음 5개
딸기 12개

레시피
1. 블렌더에 물, 설탕시럽, 얼음, 딸기를 넣고 간다.
2. 잔에 음료를 담아 완성한다.

✔ 냉동딸기를 사용할 경우에는 얼음의 양을 줄여야 한다.

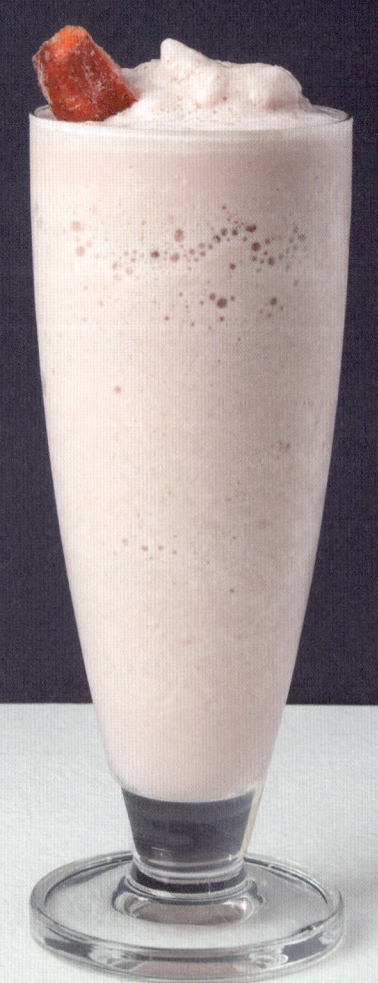

키위주스
Kiwi Juice

재료
물 20㎖
설탕시럽 30㎖
얼음 5개
키위 2개

레시피
1. 블렌더에 물, 설탕시럽, 얼음, 키위를 넣고 간다.
2. 잔에 음료를 담아 완성한다.

에이드
Ade

과즙과 과육에 물 또는 탄산수를 넣고 설탕시럽 등을 더해 만든 음료로 달콤하면서도 청량한 맛이 특징이다. 레몬, 자몽 등 다소 신맛이 강한 과일을 활용할 때는 설탕 시럽이나 탄산수의 양을 조절해 농도와 맛을 체크하는 것이 좋다.

레몬 에이드
Lemon Ade

재료
레몬 1개
얼음 10개
레몬드링크베이스 30㎖
탄산수 150㎖

레시피
1. 스퀴저로 레몬즙을 착즙한다.
2. 잔에 얼음을 담는다.
3. 얼음 위에 레몬 과육과 과즙을 넣는다.
4. 레몬드링크베이스와 탄산수를 넣어 완성한다.

자몽 에이드
Grapefruit Ade

재료
자몽 반개
얼음 8개
자몽시럽 30㎖
탄산수 100㎖

레시피
1. 스퀴저로 자몽즙을 착즙한다.
2. 잔에 얼음을 담는다.
3. 얼음 위에 자몽 과육과 과즙을 넣는다.
4. 자몽시럽과 탄산수를 넣어 완성한다.

카페메뉴 운영 매뉴얼

카페메뉴 구성하기

메뉴를 구성할 때는 고객에게 좋은 커피를 제공하려는 자세와 더불어 현실적 요건을 따져 보아야 한다. 카페가 위치한 주변 상권과 주요 고객층, 카페의 콘셉트, 계절적 요인 등을 꼼꼼히 살펴보고 분석하여 메뉴를 구성하고 각 메뉴의 레시피와 서비스 매뉴얼을 작성하는 것이 좋다.

입지

최근에는 특색있는 콘셉트를 내세우며 메뉴와 공간에 차별화를 둬, 다소 한적한 지역에 자리해있더라도 SNS 등을 통해 고객의 좋은 반응을 얻는 카페가 많다. 그렇지만 카페의 규모, 콘셉트, 메뉴를 처음부터 구성할 때는 기본적으로 지역 상권의 특징과 고객층을 파악하는 것이 우선이므로 입지에 대한 이해가 필요하다.

대학 및 번화가	오피스
· 방학, 시험 등 계절 요인에 민감 · 산미가 있는 커피와 같이 새로운 맛에 대한 거부감이 덜함 · 프라페, 스무디 등 당도와 포만감이 높으면서 비주얼이 독특한 논 커피 메뉴 선호	· 계절 변화에 대학가보다 둔감한 편 · 캐릭터가 뚜렷한 커피나 자극적인 음료보다는 아메리카노, 카페라떼와 같이 달지 않고 무난하게 즐길 수 있는 음료 선호 · 건강과 다이어트를 생각한 저칼로리 음료 선호

주거지
· 다양한 연령대의 지역 주민이 찾는 만큼, 각 연령대별로 선호하는 기본 메뉴를 충실히 갖추는 것이 중요 · 핸드드립 커피 등 매일 부담없이 마실 수 있는 음료와 시즌 메뉴, 이색 메뉴를 고루 선보이기

계절

여름

기온이 올라 더위와 갈증을 느끼는 고객들이 많아지기 때문에 다른 때보다 음료 메뉴의 수요가 높아진다. 프라페, 에이드와 같이 달고 시원한 논 커피 음료가 많이 나가기 때문에 생과일, 탄산수 등을 평소보다 많이 준비해야 한다.

겨울

기온이 낮아 추위를 느끼는 고객들이 따뜻하고 부드러운 커피 메뉴를 많이 찾는다. 라떼, 카푸치노 등 거품이 올라간 메뉴는 커피맛과 함께 우유거품의 질감도 신경써야 한다.

구성 순서

1. 사용할 원두를 정하고 에스프레소와 핸드드립으로 구분해 커피메뉴를 구상한다. 커피 산지나 추출방식에 따라 구체화시킬 수 있다.
2. 아메리카노와 에스프레소 베리에이션 음료, 논 커피 메뉴를 구상한다. 베리에이션 음료는 우유와 부재료의 비율이 조화를 이루는 것이 중요하며, 기타 메뉴의 경우 가짓수가 너무 많으면 재료 관리나 제조 과정이 복잡해질 수 있으므로 주의해야 한다.
3. 운영 초반에는 누구나 즐길 수 있는 기본 메뉴에 충실해 안정성을 유지하는 것도 좋은 방법이다. 추후 방문하는 고객층의 동향을 살펴 특색 있는 메뉴를 개발하고, 반응을 반영해 점차 보완해나가는 것이 좋다.

매뉴얼 작성법

주력 메뉴를 정하고 종류별로 나열하기

종류나 가격에 따라 메뉴를 순서대로 나열하고 인기메뉴, 추천메뉴를 강조해 카페의 콘셉트와 주력 메뉴를 고객에게 소개할 수 있다. 메뉴판이 한 눈에 들어올 수 있도록 몇 가지 큰 범주로 나누어 너무 빽빽하지 않게 구성하는 것이 중요하다.

가격 책정하기

합리적인 가격은 지속적으로 매장을 운영하는 데 꼭 필요한 조건이다. 재료는 적정가격의 테두리 안에서 가능한 좋은 재료를 쓰는 것이 바람직하며, 혹은 최상급 재료를 써서 품질에 차별화를 두는 전략을 세울 수도 있다. 일반적으로는 원가를 바탕으로 판매가를 정한다. 이때 원가에서 재료비의 비중은 30% 이하가 이상적이다. 30% 이상이 된다면 재료비 이외의 임대료, 인건비, 전기료, 수도세 등 유지비를 감당하기가 어려워진다.

메뉴판 꾸미기

개성 있는 메뉴판은 고객의 이목을 끌 수 있다. 메뉴보드, 메뉴꽂이, 사진첩, 롤페이퍼 등 카페 인테리어와 콘셉트에 맞는 소재를 선택하도록 한다. 메뉴의 변동이 잦다면 보드판과 롤페이퍼를 활용해, 정보를 그때그때 추가하거나 수정할 수 있어 유용하다. 다양한 원두를 구비해 놓을 경우에는 산지나 향미에 대한 자세한 설명을 기재할 수 있는 카드나 리플릿 등을 활용해도 좋다.

· 트렌드를 반영하여 메뉴 구성과 레시피를 지속적으로 리뉴얼하고 점검해야 한다. 때로는 객관적인 눈으로 잘 팔리지 않는 메뉴를 과감하게 정리할 필요도 있다.
· 어떤 음료인지 직관적으로 알 수 있도록 명료한 설명을 더하는 것이 좋다. 메뉴 이름, 원두의 종류, 가격, 맛, 기타 특징 등을 적을 수 있는데 핵심만 간단하게 적되, 궁금증을 유도해 바리스타와 고객이 소통할 수 있는 기회를 마련한다.

Coffee Study

PART 5

커피
로스팅

로스팅이란

로스팅이란 커피열매의 씨앗인 생두에 열을 가해 커피가 지닌 맛과 향 등의 특성을 발현시키는 과정이다. 식재료를 가열해 요리하는 것과 비슷한 개념이다. 아무런 맛과 향이 없는 생두에 200℃가 넘는 열을 가하면 생두의 세포 조직이 파괴되면서 지방분, 당분, 카페인, 유기산, 무기산, 탄닌 등 여러 가지 성분이 발산된다.

커피의 맛과 향을 결정하는 것은 이러한 성분의 강도를 고려해 최적의 조합을 찾아내는 것이라고 할 수 있다. 생두는 다양한 성분이 복합적으로 들어 있으며 조직의 밀도가 조밀한 편이라 로스팅 방식에 따라 맛의 변화가 큰 폭으로 나타나는 재료다. 생두의 여러 가지 성분은 특정 온도에 반응하여 맛과 향을 형성한다. 같은 생두라도 로스팅 정도에 따라 맛이 달라질 수 있고, 어떤 생두에는 가장 적합한 로스팅 방법이 다른 생두에는 전혀 맞지 않을 수도 있다.

로스터의 구조

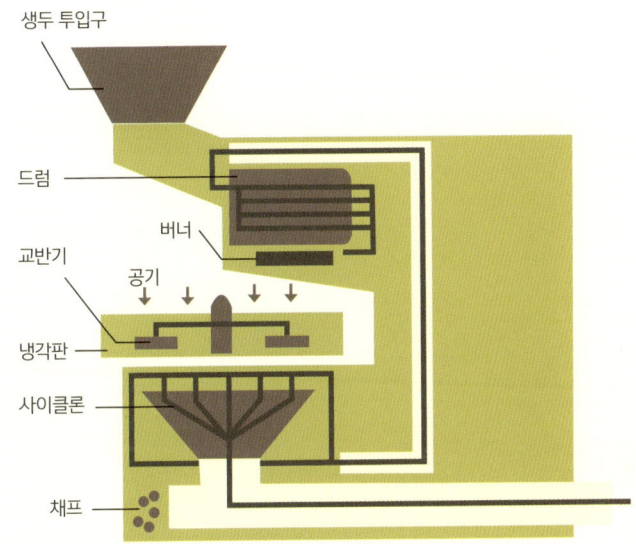

투입구를 통해 드럼 안으로 들어간 생두는 드럼 자체의 가열로 인해 발생한 열과 드럼 뒷부분의 통풍구를 통해 들어오는 고온의 열풍에 의해 로스팅되며, 열을 골고루 전달하기 위해 드럼이 회전하면서 생두를 섞는다.

냉각판은 로스팅 과정에서 발생하는 배기가스를 배출시키는 역할을 한다. 배기가스는 생두의 실버스킨이 로스팅되면서 생긴 부산물인 채프chaff와 함께 사이클론으로 전달되며 여기서 채프를 제거한 후 배기관을 통해 외부로 빠져나간다.

로스팅이 진행되는 동안 샘플러sampler를 통해 드럼 안의 원두를 꺼내보며 로스팅 상태를 확인한 후, 원하는 로스팅 포인트에 도달하면 배출구를 열어 원두를 식힌다. 냉각판은 차가운 공기를 순환시키거나 물을 분사시키는 방법으로 열을 식힌다.

로스팅 방식

직화식 로스팅

단어 뜻 그대로 드럼을 직접 가열해 발생한 전도열을 이용해 로스팅하는 방식이다. 사용자의 스타일에 따라 다양한 개성이 발휘되는 장점을 가지고 있지만 일관성 있는 커피를 만들기 어려우며, 열원을 일정하게 조절하기가 쉽지 않아 상당한 집중력을 요한다.

반열풍식 로스팅
(반직화식 로스팅)

드럼 표면에 발생한 전도열을 주 열원으로, 드럼 틈새로 들어온 대류열과 열이 드럼 내부를 순환하면서 자체적으로 생성한 대류열을 통해 복합적으로 생두를 로스팅하는 방식이다. 직화식 로스팅만큼 개성이 강하지는 않지만 상당히 안정적으로 로스팅이 진행되어 대중적으로 많이 사용하고 있는 로스팅 방식이다.

열풍식 로스팅

뜨거운 공기를 드럼 안으로 유입시켜 대류열을 이용해 생두를 로스팅하는 방식이다. 세포 조직이 조밀한 생두 내부까지 열량이 일정하게 공급되어 전반적으로 균일한 로스팅 이 가능하다. 열효율이 높아 대형 로스터리에서 많이 사용하지만 커피 향미가 뚜렷하지 않아 다소 밋밋한 느낌을 받을 수 있다.

전기 로스팅

전기를 열원으로 이용한 로스팅 방식이다. 열풍식 로스팅과 비슷해 보이지만 전기로 만든 열풍과 열선을 달궈 발생한 복사열을 이용해 생두를 로스팅한다는 차이점이 있다. 또한 전기 로스팅은 디지털 기술로 열원을 제어해 자동 로스팅이 가능하다. 열전달이 빠르지 않아 충분히 예측하고 열원을 조절해야 하지만, 불을 사용하기 어려운 시설에서 로스팅이 가능하다는 장점이 있다.

로스팅 환경

로스팅은 가열을 통해 이루어지는 작업인 만큼 온도에 상당히 예민한 반응을 보이기도 한다. 로스팅이 단지, 로스터의 열원만 가지고도 일정하게 이루어진다면 간단한 프로파일만으로 누구나 쉽게 커피를 볶을 수 있을 것이다.
하지만 로스팅은 외부 온도와 습도 등의 영향을 받기 때문에 아무리 완벽한 프로파일을 만들었다 할지라도 여러 요소에 따라 실패하기도 한다.

온도

기존의 로스팅 프로파일에서 요구하는 열량을 동일하게 가해도 외부 온도에 의해 드럼 내부의 온도 체계가 변할 수 있다. 실제로 기온이 낮은 겨울철에는 드럼 내부에 더 많은 열량이 요구되며, 기온이 높은 여름철에는 더 적은 열량이 요구된다.
로스터의 설치 위치가 외부 온도의 영향을 받지 않는다고 해도 방해요소로 작용하는 외부 공기가 덕트를 통해 유입될 수 있기 때문에 기온 차를 고려해 열량을 조절할 필요가 있다.

습도

생두에 들어 있는 일정량의 수분 입자들은 로스팅 과정에서 가열을 통해 충분히 날려주어야 열에 의한 화학반응이 활발히 일어난다.
하지만 대기 중의 습도가 높아지게 되면 이러한 화학 반응이 원활하게 이루어지지 않아 커피 향미가 잘 발현되지 않는다. 로스터는 열전달 방식에 따라 습도의 영향을 다르게 받는데, 직화식 로스팅의 경우 공기 중의 수분 입자들이 빠르게 가열되어 기화하기 때문에 습도의 영향을 적게 받는다.

ROASTING ROOM

로스팅 변수

로스팅은 절대로 매번 동일한 결과물을 낼 수 없다. 투입 온도, 로스팅 시간, 배치 사이즈, 화력, 배기 등의 조건을 일정하게 맞춰 로스팅을 하더라도 똑같은 커피를 만들어 내기 어렵다. 그만큼 로스팅에는 상당히 복잡한 변수가 작용한다는 의미다. 또한 대부분의 로스터에 부착되어 있는 계기판도 드럼 내부의 온도를 대략적으로 알려줄 뿐, 정확한 상태를 나타내는 것은 아니다.

투입 온도 로스팅을 시작하기에 앞서 생두를 투입할 때의 온도. 투입 온도는 생두의 수분함량과 밀도, 투입량, 로스팅 환경 등을 고려해 결정한다.

로스팅 시간 로스팅에 소요되는 시간. 최소 10분에서 최대 20분 정도이며 로스팅 시간이 짧을수록 생두 외부와 내부의 온도차가 크다.

배치 사이즈 로스팅 시 드럼에 투입하는 생두의 양. 로스팅 용량이라고도 한다. 일반적으로 권장하는 생두 투입량은 드럼 용량의 약 60~100%다.

배기 댐퍼damper는 드럼 내부의 공기 흐름과 열량을 조절하는 장치로, 보통 배기관에 장착돼 있으며, 댐퍼를 열면 내부 공기가 밖으로 배출된다. 댐퍼를 열고 닫는 정도와 타이밍에 따라 커피향미가 달라지므로 원하는 맛을 구현하기 위해선 세밀한 댐퍼 조작이 필요하다.

화력 로스팅 시 화력을 조절하는 것을 램핑ramping이라고 한다. 화력이 너무 강하면 원두가 금방 타버리고, 반대로 화력이 너무 약하면 생두 내부까지 골고루 익지 않을 수 있어 알맞게 조절하는 것이 중요하다.

로스팅 프로세스

일반적인 로스팅 프로파일 그래프를 보면 터닝 포인트Turning Point를 기점으로 점차 상승 곡선을 이루며 진행되다 1차 크랙 시 열량 감소에 의해 천천히 상승하며 1차 크랙이 종료된 후 다시 상승하는 모습이다.

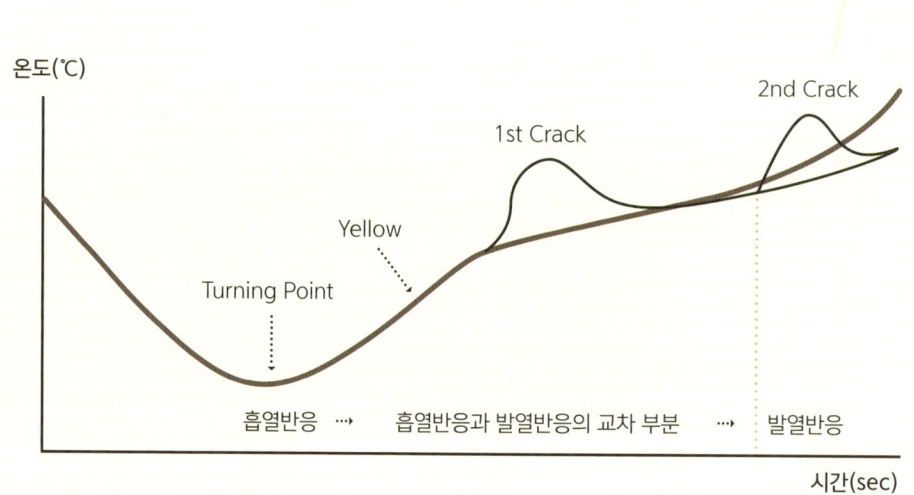

색의 변화
Green → Yellow → Light Brown → Medium Brown → Dark Brown → Dark

향의 변화
생두 고유의 향 → 수분향 → 단향 → 단향+신향 → 신향 → 신향+생두 고유의 향 → 생두 고유의 향 → 향의 감소

형태의 변화
생두 → 주름 발생(수분증발) → 주름의 깊이와 색 변화 → 주름이 펴지기 시작함 → 주름이 완전히 펴짐(원두 부피의 변화) → 원두 조직의 팽창 → 원하는 로스팅 포인트에서 로스팅 중단

무게의 변화
- 라이트 로스트Light Roast : 12~14% 감소
- 미디엄 로스트Medium Roast : 15~18% 감소
- 다크 로스트Dark Roast : 19~25% 감소

TIP 로스팅 프로파일 roasting profile

로스팅 프로파일이란 로스팅 시 배치 사이스 batch size와 투입 온도, 시간, 화력 등의 변수를 고려해 원두의 변화를 데이터로 기록하고 그래프로 나타낸 것이다.

로스팅의 진행 상태를 확인할 수 있는 가장 편리한 수단으로 온도계와 압축계가 있지만 상당히 많은 변수가 작용하는 로스팅 과정의 특성상 매번 동일한 커피를 만들어내기는 사실 여간 쉬운 작업이 아니다.

이때 다양한 변수들을 최대한 비슷한 조건으로 만들어 균일한 로스팅을 진행하는 데 참고할 수 있도록 한 것을 로스팅 프로파일이라고 한다.

사전 설계	생산 조건에 따라 가지각색의 맛과 향을 느낄 수 있는 커피는 생두의 폭이 다양한 만큼 로스팅의 폭도 다양하다. 때문에 커피 향미를 좌우하는 생두의 품종과 생산시기, 수분함량, 밀도, 크기 등 특성을 파악하고, 원하는 로스팅 포인트를 고려해 작업 계획을 세워야 한다.
결점두 선별	결점두는 로스팅 과정에서 정상적인 생두보다 열을 더 많이 받거나 적게 받아 맛에 영향을 주기 때문에 로스팅 전 미리 생두의 상태를 확인하여 선별하는 작업을 한다. 결점두는 눈으로 보거나 직접 만져보고 냄새를 맡는 방식으로 파악할 수 있다.
로스터 예열	본격적인 로스팅에 앞서 로스터를 약 210°C까지 20~30분 이상 천천히 예열한다. 예열 속도가 너무 빠르면 기계에 물리적인 충격이 가해지거나 식어 있던 드럼이 갑자기 팽창하면서 마찰음이 발생할 수 있으므로, 천천히 예열하여 드럼 온도와 열의 흐름을 전체적으로 일정하게 만드는 것이 중요하다.
투입과 터닝 포인트	투입은 선별된 생두를 예열한 로스터에 넣는 것을 말한다. 8~13%의 수분을 가진 생두를 200°C 이상 달궈진 드럼에 투입하면 처음에는 내부 온도가 급격히 떨어지다 생두가 열을 흡수하면서 상승하기 시작하는데, 이때 생두의 온도와 드럼 온도가 일치하는 시점을 터닝 포인트라고 한다. 터닝 포인트 이후 생두의 수분이 제거되고 엽록소가 파괴되면서 노란색 색소인 엽황소에 의해 생두 표면이 노랗게 변하는 단계를 옐로우라고 한다.
1차 크랙	1차 발열반응을 뜻하는 1차 크랙은 로스팅 과정에서 초반에 열을 흡수하던 생두가 특정 온도에 이르러 갈색으로 변하고 세포 조직이 파괴되면서 가스 성분을 분출하는 현상이다. 생두는 온도가 약 185°C가 되면 갑자기 열을 발산하며 팝콘이 터지는 듯한 소리를 내는데, 이것이 바로 1차 크랙이 진행되고 있다는 표시다. 이 과정에서 생두의 수분은 감소하고 부피가 증가하며 은피가 활발히 제거된다. 또한 생두 내부에서는 커피의 맛과 향을 결정하는 여러 화학반응이 일어나고, 벌집 구조로 생긴 생두 조직이 팽창하면서 추출이 용이해지는 상태가 된다. 생두에 따라 약간씩 차이는 있지만 1차 크랙이 발생하는 시점은 일정해야 하며, 생두의 발열로 인해 드럼 온도가 짧은 시간에 급격히 상승하므로 열량 조절이 중요하다.

2차 크랙

2차 발열반응을 뜻하는 2차 크랙은 1차 크랙 이후 생두의 온도가 약 210℃가 되었을 때 다시 한 번 열을 흡수하는 단계를 말한다. 이 과정에서 생두는 점점 진한 갈색을 띠며 부피가 더 증가한다. 또한 커피의 오일 성분이 배출되어 표면에 윤기가 돌고 탄 향이 나기 시작한다. 로스팅 정도에 따라 차이는 있지만 로스팅을 마친 원두의 무게는 대개 15~20% 감소하고, 부피는 50~100% 증가한다.

원두의 배출과 냉각

원두는 로스팅이 끝나고 배출한 후에도 내부에 남아있는 잠열에 의해 계속 로스팅이 진행되기 때문에 원하는 로스팅 포인트를 맞추기 위해서는 배출된 원두를 최대한 빨리 상온으로 식히는 것이 중요하다. 냉각 방식으로는 송풍기를 이용해 차가운 공기를 순환시키거나 물을 분사시키는 방법이 있다. 냉각 과정에서 원두에 붙어 있던 채프가 떨어져 나가기도 한다. 일반적으로 냉각이 4분 이내로 이루어지지 않으면 쓴 향이 다소 증가하는 것으로 알려져 있다.

마무리

로스팅 전에 생두를 선별한 것처럼 로스팅 후에도 미처 발견하지 못한 이물질이나 결점이 있는 불량 원두를 다시 골라내야 한다.

결과 평가

로스팅 후에는 커핑이나 각자의 목적에 맞는 추출방식을 이용해 컵 테스트$^{cup\ test}$ 과정을 거쳐야 한다. 여기서 말하는 컵 테스트란 커피 향미를 평가한다기보다 로스팅 과정에서 문제가 발생하지 않았는지 확인하는 일종의 품질 검사에 가깝다.

TIP   로스팅 과정에서 나타나는 화학반응

흡열 반응과 발열 반응

흡열 반응은 로스팅 시 생두가 드럼에 투입된 후 주위의 열을 흡수하는 현상을, 발열 반응은 생두가 로스팅되는 과정에서 열을 더 이상 흡수하지 못하고 방출하는 현상을 말한다. 생두는 조직의 밀도가 상당히 조밀하므로 드럼 내부의 열량과 배기 등을 고려하여 열에너지를 주입해야 한다. 또한 생두는 흡열반응을 지속하다 특정 시점에 이르러 발열반응이 일어나는데, 이때 수분이 증발하면서 단단했던 조직이 다공화되고 부피는 팽창하며 표면은 갈색으로 변한다. 발열 반응이 정점에 이르면 1차 크랙이 일어나고, 원두가 최대로 팽창했을 때 2차 크랙이 일어나며 플레이버가 극대화된다.

수분공정

로스팅 전 8~13%의 수분 상태를 유지하고 있는 생두는 로스팅 과정에서 열에 의한 수분 기화가 일어나고 이를 통해 다양한 화학반응이 이루어지는데, 이를 수분공정이라고 한다. 생두는 로스터에 투입되는 순간부터 수분공정이 일어나기 시작하며, 100℃까지는 주로 생두 표면에서 기화가 일어나다가 100℃를 넘어가면서부터 생두 내부에서도 기화가 일어난다. 보통 수분함량이 높은 생두는 그렇지 않은 생두보다 수분이 기화하는 데 더 많은 열량을 필요로 한다.

메일라드 반응 Maillard reaction

생두를 로스팅할 때 일어나는 비효소적 갈변반응으로 갈색 색소인 멜라노이딘 Melanoidine을 발견한 화학자 메일라드 Maillard의 이름을 따서 명명되었다. 멜라노이딘은 생두에 들어 있는 단백질과 탄수화물이 특정 온도에 반응하면서 형성하게 되는데, 이로 인해 생두는 점차 갈색으로 변하며 달고 구수한 곡물과 견과류의 향미를 발산하게 된다.

캐러멜화 Caramelization

메일라드 반응과 마찬가지로 로스팅 과정에서 생두에 일어나는 비효소적 갈변반응이다. 로스팅 과정에서 고온에 노출된 생두는 자당 sucrose이 열분해하면서 달콤 쌉싸름한 향미를 내며 표면이 갈색으로 변한다.

| TIP | 배출 시점에 따른 커피 맛의 특징 |

일반적으로 많이 알려진 사실은 배출 시점이 빠를수록 커피의 신맛과 단맛이 강해지고, 배출 시점이 늦을수록 쓴맛과 탄 맛이 강해진다는 것이다.

원두는 최소한 1차 크랙을 넘어야 추출이 용이해지기 때문에, 보통 1차 크랙을 기준으로 원두를 배출하며 이때 배출한 원두가 신맛이 가장 강하게 느껴진다. 원두는 2차 크랙에 가까워질수록 단맛과 쓴맛의 강도가 높아지며 2차 크랙을 기준으로 탄맛이 생성되고 신맛은 점차 감소한다.

로스팅 시간에 따른 커피 맛과 향의 변화

로스팅 시간	향	맛
저온단시간	풋내	단맛, 잡맛
저온장시간	약함	약함
고온단시간	풍부함	신맛
고온장시간	탄내, 초콜릿 향	쓴맛

로스팅 포인트

커피는 똑같은 생두라도 로스팅 정도에 따라 다양한 맛이 난다. 로스팅을 강하게 할수록 쓴맛은 강해지고 신맛은 약해진다. 단맛은 중간 정도로 로스팅했을 때 가장 강하다. 이처럼 로스팅 포인트를 잘 알면 같은 생두로 다채로운 맛을 표현할 수 있다. 로스팅 시 드럼 안의 온도는 200~240℃이다. 일반적인 드럼 로스터를 이용하여 커피를 볶을 경우에는 로스팅 시간이 8~15분을 넘지 않는 것이 좋다. 생두는 연녹색으로 변하다 점차 노란빛을 띠며 곧 연한 갈색이 된다. 원두는 '탁탁' 터지는 소리와 함께 수십 초 사이에 진한 갈색으로 변화하는데 이 과정을 파이롤리시스Pyrolysis라고 한다.

로스팅 포인트별 커피의 특징

로스팅 포인트	특징
라이트 로스팅 Light Roasting	감미로운 향이 나지만 이 단계에서 커피를 추출하면 커피의 쓴맛, 단맛, 깊은 맛을 거의 느낄 수 없다. 로스터에 투입된 생두가 열을 흡수하면서 수분이 빠져나가는 초기 단계로, 이때 생두는 누런색을 띤다.
시나몬 로스팅 Cinnamon Roasting	뛰어난 신맛을 즐기고 싶다면 이 단계의 커피가 최적이다. 생두는 누런색에서 계피색으로 변하며 은피가 제거되기 시작한다.
미디엄 로스팅 Medium Roasting	이 단계의 커피는 신맛이 잘 발현되며 색은 담갈색을 띤다.
하이 로스팅 High Roasting	신맛이 엷어지고 단맛이 나기 시작하는 단계. 가장 일반적인 커피로 색은 갈색을 띤다.
시티 로스팅 City Roasting	표준적인 맛과 향이 균형 잡힌 느낌을 준다. 색은 풍부한 갈색을 띤다.
풀 시티 로스팅 Full-city Roasting	신맛은 거의 없어지고 쓴맛과 진한 맛이 정점에 오른 단계다. 아이스커피나 크림을 넣은 유럽식 커피에 많이 사용된다. 색은 짙은 갈색이며 에스프레소용 원두의 표준이다.
프렌치 로스팅 French Roasting	쓴맛, 진한 맛, 중후한 맛이 강조되는 단계. 원두 표면에 기름이 돌기 시작하는 단계이며 색은 검은 갈색이다.
이탈리안 로스팅 Italian Roasting	쓴맛과 진한 맛이 최대치에 달하며, 커피에 따라서 탄내가 나는 경우도 있다. 에스프레소용 원두로 많이 선호되는 단계다.

Coffee Study

블랜딩

블랜딩이란

블랜딩이란 두 가지 이상의 원두를 배합하는 것으로, 서로 다른 원두를 혼합해 새로운 맛과 향을 지닌 커피를 창조하는 작업이다.

하우스 블랜드House Blend라는 명칭으로도 잘 알려져 있으며, 한국에서는 주로 에스프레소 블랜드Espresso Blend용으로 많이 사용하는데, 에스프레소는 가압식 추출의 특성상 커피향미가 강하게 발현되는 특성을 가지고 있기 때문에 특정 산지의 커피만 사용하면 맛이 한쪽으로 치우치거나 밋밋해지게 된다. 때문에 에스프레소는 맛과 향의 밸런스를 위해 여러 가지 원두를 배합하며, 원재료의 원가절감을 위해 블랜딩하는 경우도 많다.

블랜드 커피의 맛과 향기는 생두의 품질과 로스팅에 따라 결정되지만 단종 커피에서 느낄 수 없는 풍부함과 가능성은 블랜딩을 통해 창출된다. 그런 점에서 블랜딩은 로스팅 못지않게 정교한 감각이 요구되는 작업이다. 블랜딩은 단종 커피의 장점을 부각시키고 단점을 보완하는 역할도 한다.

일부 카페에서는 한 종류의 커피를 약·중·강으로 로스팅 정도를 달리해 배합하기도 한다. 또 뉴크롭이나 올드크롭을 섞어 독특한 맛을 만들어 내기도 한다. 블랜딩에 정답이란 없는 것이다. 그러나 생두의 특징을 모르면 각 커피가 어떤 맛과 향을 내는지, 무엇을 배합해야 원하는 맛을 낼 수 있는지 모르기 때문에 블랜딩에 앞서 생두에 대한 사전 지식은 필수다. 무엇보다 중요한 것은 오랜 경험으로 축적된 감각과 기술이다. 사람마다 취향이 다르듯이 블랜딩도 끊임없이 변화하고 발전해 나간다. 중요한 것은 나에게 맞는, 나만의 맛을 창조해 내는 것이다.

| TIP | 블랜드와 싱글 오리진의 차이 |

싱글 오리진single origin이란 단종 커피, 스트레이트 커피straight coffee라고도 하며, 특정 산지의 생두 한 가지만 로스팅한 원두 또는 이러한 원두로 내린 커피를 말한다. 커머셜 커피에 비해 상대적으로 높은 품질과 뛰어난 향미를 자랑하는 스페셜티 커피가 인기를 끌면서 이력추적 가능성이 높은 싱글 오리진에 대한 관심도 커졌다. 싱글 오리진은 생산자, 농장, 가공소, 가공방식 등의 정보를 통해 어떤 커피가 어디에서 어떻게 재배되었는지를 비교적 쉽게 파악할 수 있으며, 생산 및 유통 과정에서 산지와의 유대관계와 선순환을 중요시하는 커피업계의 흐름에 발맞춰 최근에는 농장의 구획까지 확인 가능한 마이크로 랏도 등장했다.

블랜딩 방식		전 블랜딩 (Blending before roasting)	후 블랜딩 (Blending after roasting)
	장점	생두를 먼저 배합한 후 한 번에 로스팅하기 때문에 손이 덜 가며 로스팅 과정에서 커피 향미가 균일해진다.	성질이 다른 생두를 각각의 특성에 맞게 로스팅한 후 블랜딩하기 때문에 개성있는 맛을 낼 수 있다.
	단점	생두를 처음부터 한꺼번에 로스팅하기 때문에 각 커피의 개성이 무뎌지고 각각의 생두에 맞는 적정 추출속도에도 영향을 미친다.	커피 향미가 균일하지 않다.

블랜딩 과정

블랜딩에 정답은 없다. 최종적으로 맛이 좋으면 되기 때문이다.
하지만 블랜딩은 주로 목적을 가지고 배합하는 경우가 많기 때문에 블랜딩의 기본 순서와 요령을 알아두면 도움이 될 것이다.

블랜딩의 필수 요소

- 신선하고 좋은 생두
- 각 생두의 특성 파악
- 성질과 맛이 각기 다른 커피의 배합
- 다종의 배합은 성공하기 어려우니 2~5종은 넘지 말 것
- 1:1 배합은 개성 있는 맛을 상실해 실패하기 쉬움

Step 1. 콘셉트와 목표 설정

블랜드의 핵심 콘셉트와 특징, 목적을 고려해 어떤 커피를 배합하면 좋을지 고민한다. 예를 들어 '과일의 풍부한 단맛과 은은한 산미가 어우러지는 에스프레소용 블랜드'라는 식이다.

Step 2. 재료 선정

블랜딩에는 다양한 방식이 존재하지만 가장 손쉬운 방법 중 하나가 요리를 할 때처럼 주재료로 사용할 커피를 정한 후 그에 어울리는 부재료 격의 커피와 조미료에 해당하는 커피를 차례로 선정하는 것이다.

먼저 주재료로 사용할 커피는 블랜드의 전반적인 맛을 담당하는 베이스이기 때문에 콘셉트와 가장 가까운 느낌의 커피를 고른다. 다음으로 부재료 역할을 할 커피는 주재료의 맛에 지장을 주지 않으면서 장점은 부각시키고 단점을 보완할 수 있는 커피가 가장 이상적이다. 마지막으로 조미료에 해당하는 커피는 주재료와 부재료로 만들어 내기 어려운 특색 있는 향미를 더해주는 커피로 선택한다. 위와 같은 방법으로 각 종류별로 2~3개의 커피 리스트를 정한 후 향미를 분석해 본다.

Step 3. 향미 분석

각 커피를 개별적으로 커핑해 향미를 분석하고, 이에 대한 정보를 기록해 둔다. 이때 평가 내용이 콘셉트와 가장 일치한다고 생각되는 커피를 우선순위에 둔다.

Step 4. 배합

분석과 평가를 통해 선정한 커피를 배합하여 테스트를 진행한다. 주재료에 해당하는 커피를 가장 높은 비율로 설정하고, 부재료와 조미료에 해당하는 커피를 각각 퍼센트를 정해 블랜딩한다. 전체적인 밸런스가 어긋나거나 초기에 설정했던 콘셉트의 맛과 향은 비슷하지만 예상했던 로스팅 프로파일에서 벗어날 경우, 배합 비율을 조금씩 조정해 가며 다양한 샘플을 만들어 보고 최종적으로 결정한다.

TIP 블랜딩 시 주의사항

맛과 향의 차이를 구별하라
차이를 아는 사람만이 그 차이를 즐길 수 있다. 원하는 맛을 만들기 위해서는 각각의 단종 커피가 지닌 맛과 향을 분별하는 능력이 무엇보다 중요하다. 먼저 커피를 맛보고 각 향미에 대한 평가서를 작성한다. 블랜딩은 매우 감각적인 작업이기 때문에 미세한 차이를 잘 활용하면 전혀 새로운 커피를 창조해 낼 수 있다. 단, 정확한 맛을 내기 위해서는 항상 일정한 추출방식을 유지해야 한다.

황금비율을 찾아라
블랜딩은 2가지 이상의 단종 커피를 배합하는 것이다. 가짓수가 늘어날수록 맛이 풍부해지는 반면 종류가 지나치게 많으면 전체적인 조화가 깨질 우려가 있다. 때문에 되도록 4~5가지 선을 맞추는 것이 좋다. 먼저 베이스로 사용할 커피를 선택한다. 일반적으로 중간 성질을 띠는 브라질과 콜롬비아를 많이 사용하는데 이들은 다른 원두의 개성을 살려주거나 억누르는 촉매 역할을 해서 어떤 커피와도 잘 어울린다. 베이스가 결정되면 원하는 방향에 맞게 나머지 커피를 선택해 배합한다. 어떤 커피는 산미가 강하고 어떤 커피는 중후한 맛을 내는 등 대부분 한쪽으로만 맛이 편중되어 있기 때문에 장점은 부각시키고 단점은 보완해 균형 잡힌 맛을 구현해야 한다.

| TIP | 알아두면 좋은 블랜딩 법칙 |

1. 맛의 균형에 중점을 둘 것인지 강조에 중점을 둘 것인지 결정한다.
2. 각 단종 커피는 최소 15% 이상 사용한다.
3. 비슷한 향미를 가진 단종 커피끼리는 블랜딩하지 않는다.
4. 각 단종 커피가 서로의 특성을 보완하도록 한다.
ex. 예멘모카(강한 신맛, 약한 중후함, 꽃과 과일향)+자바커피(약한 신맛, 강한 중후감, 흙냄새)=모카자바(신맛과 중후함, 향의 적절한 조화)

Coffee Study

PART 6

커피 향미 평가

커피의 관능평가Sensory evaluation는 후각Olfaction, 미각Gustation, 촉각Mouth feel의 세 단계로 나누어진다. 흔히 커피는 오감을 자극한다고 한다. 커피를 로스팅하고 추출하고 마시는 동안 복합적으로 느껴지는 시각, 청각, 후각, 미각, 촉각 덕분에 많은 사람이 매혹적인 음료로 커피를 꼽는다. 이러한 커피의 향미 평가는 주로 후각, 미각, 촉각을 통해 이루어진다. 커피에는 신향을 내는 유기산과 단맛을 내는 당류, 쓴맛을 내는 카페인 등 다양한 휘발성 향기 성분과 미각을 자극하는 감미 성분, 마지막으로 고형분의 형태로 존재하며 미세한 감촉을 주는 성분들이 들어 있다.

주요 감각

후각

코 안쪽에 자리 잡은 비강은 후각에 예민한 세포들로 구성돼 있어 미세한 향기도 쉽게 감지하는데, 이 세포들이 구분할 수 있는 향의 종류는 약 1만 가지가 넘는 것으로 알려져 있다. 커피를 마실 때는 증기와 함께 증발되는 향기 성분이 이 세포들을 자극해 후각을 감지한다.

향기의 구성

분쇄된 원두 향기 Dry aroma, Fragrance (기체 상태)
신선한 원두를 분쇄할 때 느껴지는 향으로, 커피씨앗이 식물로 자라는 동안에 나타나는 효소작용으로 만들어진다. 꽃향기, 과일향기, 허브(약용식물)향기, 3가지로 구분된다.

추출된 커피 향기 Cup aroma, Aroma (기체 상태)

마시면서 느껴지는 커피 향기 Nose (증기 상태)
커피를 볶는 공정 중에 생성되는 향으로, 당분의 캐러멜화에 의해 생성된다. 라이트 로스트 커피는 고소한 견과류 향Nutty, 미디엄 로스트 커피는 캐러멜 향Caramelly, 다크 로스트 커피는 초콜릿 향Chocolaty으로 구분된다.

입 안에 남는 커피 향기 Aftertaste (증기 상태)
원두의 섬유질을 태우는 현상에 의해 생성되는 향으로, 커피를 삼킬 때 목에서 코로 넘어가는 증발현상에서 느껴진다. 송진 향(수지 냄새, 약 냄새), 향신료 향(매운 향, 쏘는 향), 탄소 향(연기 냄새, 재 냄새)으로 구분된다.

생성원인에 따른 분류

효소반응 Enzymatic
커피나무가 자라면서 일어나는 효소의 작용에 의해 생성되는 화합물(향 성분)이다. 주로 에스테르Ester, 알데히드Aldehydes의 화합물이며, 휘발성이 가장 강하고 갓 로스팅한 원두에서 많이 느껴진다.

갈변반응 Sugar Browning
원두를 로스팅하는 과정에서 당의 갈변반응(캐러멜화)에 의해 생성되는 화합물이다. 주로 알데히드, 당 카보닐Sugar Carbonyl, 케톤Ketone, 피라진Pyrazine 등으로 구성되며, 커피품종을 구분하는 주요 성분이다. 커피를 추출할 때와 마실 때 가장 많이 느껴진다.

건열반응 Dry Distillation
로스팅 시 건열반응(생두의 섬유질이 연소되면서 수분이 빠져나가는 현상)에 의해 생성되며 주로 복소환식 화합물Heterocyclic, 질소화합물Nitriles, 탄화수소 화합물Hydrocarbons로 구성되고 휘발성이 가장 낮다. 이러한 향 성분들은 커피를 삼킬 때 공기와 같이 흡입하게 되고, 혀에 있는 향 성분의 일부를 증기 상태로 만든다. 이 성분들은 애프터테이스트에서 가장 많이 느껴지게 된다.

미각

혓바닥에 촘촘하게 분포되어 있는 미뢰의 맛봉오리에서 감지되는 감각을 미각이라고 하며, 커피에서 느낄 수 있는 맛은 크게 단맛, 신맛, 짠맛, 쓴맛이 있다.

미각의 인지는 일반적으로 음식이나 음료를 '맛있다'고 표현하는 것과 약간 차이가 있는데, 코를 막고 음식을 먹거나 음료를 마셨을 때 맛이 느껴지지 않는 것도 이러한 이유에서다. 우리가 음식과 음료에서 느끼는 맛은 사실 후각을 통해 전해지는 향일 가능성이 높으며, 혀에서 느껴지는 감각은 자극이라고 표현하는 게 오히려 더 정확할 수 있다.

쓴 약이 혀에서 녹았을 때 짜릿하게 전해지는 씁쓸한 느낌이나, 수국차(이슬차)를 마셨을 때 침샘이 분비되며 퍼지는 달콤함이 바로 혀에서 느낄 수 있는 미각이다.

네 가지 기본 맛

- 단맛 Sweet
- 짠맛 Salt
- 신맛 Sour
- 쓴맛 Bitter

촉각   커피를 평가할 때 Texture라고 표현하기도, Weight라고 표현하기도 하는 촉각은 맛과 향이 아닌 질감을 표현할 때 주로 사용하는 용어다. 일반적으로 음료의 무게를 표현할 때는 Weight, Body, 질감을 표현할 때는 Texture라는 용어를 많이 사용하는데, Weight의 경우 음료를 마실 때 느껴지는 중후함을 Light, Heavy와 같은 용어로 표기하거나 Medium Body 혹은 Dark Body와 같은 용어로 표기하기도 한다. 우유와 생크림의 질감 차이, 혹은 물과 시럽의 질감 차이를 표현하는 것과 비슷한 개념이라고 보면 된다.
Texture의 경우 Watery, Creamy 등의 용어를 많이 사용하는데, 실제로 물을 마시면 깔끔하고 청량감 있는 느낌이 드는 데 반해, 유음료를 마시면 매끈하고 묵직한 느낌이 드는 것과 같은 이치다.

지방유 Fatty Oils

- 커피 표면에 오일이 뜨면 표면장력을 감소시켜 커피를 부드럽고 매끄럽게 한다.
- 커피의 지방 성분은 커피의 향과 맛을 오염시키는 외부 물질을 운반한다.
- 지방의 수소 첨가나 산화 작용은 커피의 산패 과정에서 향과 맛을 변질시킨다.

침전물 Sediments

- 원두 표면에 붙어 있는 작은 섬유질들은 물에 녹지 않고 부유물로 떠 있다가 중력에 의해 잔 바닥에 침전된다.
- 침진물은 불용성 단백질 성분들로 구성되어 있다.

추출 콜로이드 Brew Colloids

커피 추출액 중의 지방 성분과 부유 물질이 결합하여 커피 콜로이드를 만들어 내는데, 이는 본질적으로 지방의 성질을 가지고 있다. 이 물질은 커피에서 느껴지는 촉감을 더해주는 역할을 하며 커피의 향미 생성을 돕는다.

바디와 농도 Body & Strength

- 바디는 촉각적인 특성을 지닌다.
- 농도는 미각적인 특성을 지닌다.

커핑

커핑은 커피의 향기Aroma와 맛Taste, 산미Acidity, 바디Body, 뒷맛Aftertaste 등을 평가하는 방법으로 커피에 등급을 매기는 것이다. 산지에서 생산된 생두의 등급을 평가하여 그에 합당한 가격을 책정하기 위한 목적과 해당 생두의 쓰임에 맞는 적정 로스팅 단계를 찾아내기 위한 수단이라 할 수 있다.

커피는 생산지의 기후와 토양, 환경적 조건에 따라 매년 맛이 달라지고 어떤 온도에서 어떤 방식으로 로스팅을 하느냐에 따라, 어느 타이밍에 배출하고 어떻게 압력조절을 하는지에 따라서도 맛이 천차만별인데, 커핑은 이러한 변수에 기준을 정립해 주는 작업인 셈이다.

커핑의 기준은 여러 가지가 있지만 그중 가장 많이 통용되는 방법으로 스페셜티커피협회 SCA 평가와 12개국의 산지에서 개최되는 컵오브엑설런스 CoECup of Excellence 평가 두 가지가 있다.

Coffee Study

커핑의 기준

시각

커피의 색, 농도, 청결도, 거품의 모양, 잔의 형태

후각

분쇄원두와 추출된 커피에서 느껴지는 향, 커피를 입 안에 머금었을 때와 다 마시고 났을 때 느껴지는 향

미각

단맛, 신맛, 쓴맛 등

촉각

입 안에서 느껴지는 커피의 질감, 중후함, 바디

커핑 준비물

그라인더
커핑 컵(강화유리 또는 도기 재질 / 용량 5~6oz / 지름 8~9cm)
주전자
물
온도계
스푼(4~5㎖의 커피를 담을 수 있는 형태)
여분 컵(스푼을 씻거나 입을 헹굴 때 쓸 컵)
커핑 평가지

커핑을 하기 위해서는 먼저 어떤 산지에서 생산된 생두인지 자세히 알아야 한다. 중남미에서 생산된 생두와 아프리카에서 생산된 생두가 다른 특징을 가지듯이, 재배환경과 가공방법 등에 따라 생두의 밀도, 수분함량 등에 차이가 나기 때문이다. 따라서 생두의 특징을 파악하는 것이 커핑 준비의 첫 번째 단계라고 할 수 있다.

생두의 상태를 파악하는 것은 로스팅을 하는데도 중요한 요소가 된다. 생두의 밀도에 따라 크랙의 시점과 수분 날리기의 시간이 달라지기 때문이다. 생두의 특징을 잘 파악해 로스팅을 하는 것이 커핑 준비의 두 번째 단계이다. 일반적으로 커핑을 위한 로스팅 정도는 미디엄 라이트에서 미디엄 단계로 한다.

로스팅된 원두가 어느 정도 숙성시간이 지나면 8.25g가량 분쇄하여 커핑용 컵에 담은 후 92~96℃의 물 150㎖를 잔에 가득 붓는다.

커핑 방법

step 1. 향기 평가 Sniffng

향기 평가를 프래그런스 또는 아로마라고 한다. 향기 평가는 분쇄된 원두의 향기를 평가하는 드라이Dry, 커피가 뜨거운 물과 만나 가용성분이 나올 때의 향기를 평가하는 크러스트Crust, 부풀어 오른 커피를 스푼으로 깨뜨려 그 사이에 올라오는 커피 향기를 평가하는 브레이크Break의 세 단계로 나누어진다.

*향기를 평가할 때는 커피에 코를 최대한 가까이 대고 맡아야 한다.

step 2. 맛 평가 Slurping

향기 평가가 끝나면 컵 위에 뜬 커피 가루와 거품을 떠낸 후 맛을 평가한다. 스푼의 70% 정도로 커피를 뜬 후, 배가 등에 닿는 듯한 느낌으로 한 번에 빨아들여 혀 전체에 전해지는 맛을 종합적으로 평가한다.

step 3. 삼키기 Swallowing

입 안에 커피를 몇 초간 담고 있다가 조금 삼켰을 때 느껴지는 뒷맛을 분석한다. 커피를 입 안에 머물고 빠르게 우물거리면 향이 코로 올라오며, 혀 뒤쪽의 냄새 분자가 커피의 뒷맛을 느끼게 해 준다.

SCA커핑

SCA란?

SCA는 Speacialty Coffee Association의 약자로 2017년 1월 미국스페셜티커피협회 SCAA와 유럽스페셜티커피협회SCAE가 통합해 새롭게 출범한 스페셜티커피협회를 일컫는다. 전 세계 커피 생산자와 유통업자, 각 분야 전문가와 교육기관 등이 모여 다양한 교육 및 인증 프로그램을 운영하고 전시 행사를 기획하는 등 스페셜티 커피산업의 발전과 전문가 양성에 매진하고 있다. 매년 4월 열리는 SCA 정기회의 및 전시회는 미국 도시를 돌아가며 개최된다.

SCA 커핑에 필요한 기물 및 환경

SCA 커핑에 필요한 준비물은 뚜껑이 있는 커핑 컵, 커핑스푼, 급탕기구, SCA 평가지이다.
커핑에 필요한 환경은 충분히 밝은 실내와 잡냄새가 들어오지 않는 곳이며 커핑글래스 등을 올려놓을 수 있는 테이블이 마련돼 있어야 한다. 불쾌하지 않은 적절한 온도와 커핑에 방해되는 기물 역시 제거해야 한다. SCA가 추천하는 커핑 컵의 기준은 5oz 또는 6oz의 용량으로, 냄새를 풍기지 않아야 한다.

로스팅

로스팅 후 최소 8시간 이상 24시간 이내에 커핑이 이루어져야 한다. 로스팅 정도는 라이트에서 라이트 미디엄으로 하며 아크트론 값은 원두 상태로 58, 가루 상태로 63(±1)이다. 아크트론의 명도 값이 5 이상 차이나면 적합하지 않다. 보통 2차 크랙 시점 전으로 하는데 로스팅을 오래하면 생두의 특성이 밋밋해지고 발현이 잘 안 되며 개성이 부족해진다. 일반적인 기준은 55~60으로 한다. 원두가 타거나 눌러 붙는 것을 방지하기 위해 로스팅 시간은 8분에서 12분 이내로 하고 샘플은 곧바로 냉각시키며 수냉은 하지 않는다.

샘플의 온도가 23°C 정도의 실온까지 내려가면 공기와의 접촉을 최대한 억제하여 커피의 오염을 방지시키기 위해 밀봉 용기 또는 투과성 없는 봉투에 넣어 커핑 시점까지 보관한다. 샘플은 냉암소에 보관하고 냉장이나 냉동은 결로현상을 발생시키므로 하지 않는다.

적절한 샘플 비율

컵 당 물과 원두의 비율은 물 150㎖에 커피 8.25g으로 한다. 이는 SCA의 기본 커핑용 컵 사이즈에 적합한 양이며 추출 수율만 맞추면 커핑 컵에 담은 물의 양을 결정해 커피의 양을 조절할 수 있다. 허용범위는 ±0.25g으로 한다.

커핑의 준비

1. 로스팅한 커피 샘플은 미리 정해진 비율에 맞게 원두 상태로 계량한다.
2. 커핑 직전에 커피를 분쇄하며 분쇄도는 페이퍼 드립 전용의 표준적인 사이즈보다 조금 굵게 한다.
3. 샘플의 균일성도 평가하기 때문에 동일한 샘플을 5개 정도 더 준비한다.
4. 충분한 양의 샘플을 그라인더에 통과시켜 이전의 분쇄 커피를 제거한 뒤 커핑 컵에 담는다. 샘플 전체에 양적인 격차가 생기지 않아야 하므로 한꺼번에 분쇄한 후 컵에 나누어 담는 방식은 허용하지 않는다.
5. 분쇄 후에는 곧바로 컵의 뚜껑을 닫는다.
6. 15분 이내에 물을 따르도록 한다.

물의 주입

커핑에 사용되는 물은 청정해야 하고 냄새가 나면 안 되기 때문에 정수된 물이나 시중의 생수를 사용하며, 증류수나 연수는 안 된다. 이상적인 용존 고형물의 총량^{TDS}은 125~175ppm이어야 하며 100ppm 미만이나 250ppm 이상은 허용되지 않는다. 보통 150ppm정도의 물을 사용하는데 미네랄이 너무 없으면 커피 성분이 녹지 않기 때문이다. 물 온도는 약 93~95°C로, 끓인 후 반드시 식혀 사용하는데 이는 물의 밀도를 높이고 잔존가스나 연소를 제거하기 위함이다. 컵의 상단까지 물을 부어 가루 전체가 물에 잠기도록 하고 3~5분 후 평가를 시작한다.

샘플평가

관능시험을 실시하는 목적은 샘플간의 실제 관능적 차이를 결정하고 샘플의 향미를 표현할 뿐만 아니라 상품 선호순위를 결정하기 위해서다. 중요한 것은 커퍼가 평가의 목적과 결과의 이용방법을 알아야 한다는 것이다. 특정한 향미 속성의 질을 분석해, 샘플 수치 기준에 따라 평가하고 이런 과정을 거쳐 샘플끼리의 점수를 비교한다. 높은 점수가 붙은 커피는 낮은 점수가 붙은 커피보다 좋다고 할 수 있다.

SCA 커핑 폼은 커피에 대한 11종류의 향미 속성을 기록하도록 되어 있다. 점수는 6~10점까지 0.25씩 17단계로 나누어진다.

TIP   SCA 평가지 용어해설

Fragrance 물을 붓지 않은 상태

Aroma 물을 부은 상태
① 물을 붓기 전에 컵에 넣은 커피가루의 냄새를 맡는다.
② 크러스트를 깼을 때 배출되는 아로마를 맡는다.
② 커피가 스며져 나오면서 방출되는 아로마를 맡는다.
최종적인 평점은 위의 3단계를 종합적으로 고려해서 체크한다.

Flavor 모든 미각들과 입에서 코로 이어지는 후각 점막 세포부의 모든 인상이 결합된 요소로 강도, 질, 맛과 향의 결합을 고려하여 평가한다. 최대한으로 감각을 사용하기 위해 입속에서 커피를 강하게 흡입하여야 정확한 평가가 이루어진다.

Aftertaste 커피의 단맛, 신선한 과일향의 특징을 평가한다. 최종평가는 샘플의 원산지가 가진 일반적인 특성과 정도를 고려해서 이루어진다.
바람직할 때-Brightness
바람직하지 않을 때-Sour

Body 구강 내 액체의 촉감, 혀와 입천장 사이에서 느껴지는 촉감으로 평가된다. 일반적으로 바디가 무거운 커피는 높은 점수를 받는다. 그러나 바디가 가벼운 샘플도 입 안에서 좋은 감각을 가져올 수 있으므로 무거운 바디의 커피와 가벼운 바디의 커피는 평점에서 동일하고 높은 점수를 얻을 수 있다.

Balance 플레이버나 애프터테이스트, 액시디티, 바디가 어떻게 조화를 이루어 보완되고 대조되는지를 평가한다. 해당 샘플에 특정 아로마 또는 플레이버의 속성이 빠져있거나 일부 속성만 압도적인 경우, 밸런스의 평점이 낮아질 수 있다.

Sweetness 플레이버의 풍부한 감각과 달콤함을 평가한다. 스위트니스의 반대는 시큼함, 아린 맛, 설익은 맛으로 표현되며 이 미각의 특징은 자당을 많이 포함한 소프트드링크 등의 제품처럼 직접적으로 느껴지지는 않지만 다른 향미 속성에 영향을 준다. 컵 하나에 2점이 주어져 총 5컵을 대상으로 했을 때 10점 만점을 받을 수 있다.

Clean Cup 커피를 입에 넣을 때부터 뱉을 때까지 불쾌한 인상이 없는지 측정한다. 이 속성을 평가할 때는 입에 처음으로 커피를 넣었을 때부터 뱉어낼 때까지의 전체적인 플레이버 감각에 주의해야 하는데 커피에서 다른 맛과 아로마가 느껴진다면 컵마다 2점씩 감점시킬 수 있다.

Uniformity 샘플이 담긴 컵들의 플레이버에 관한 일관성을 말한다. 각 컵마다 느껴지는 맛이 다르면 높은 평점을 기대할 수 없다. 컵 하나에 2점이 주어져 5컵 모두 동일하면 최대 10점을 얻을 수 있다.

Defects Taint 나쁘지만 압도적이지는 않은 것을 말한다. 주로 아로마에 관련된 요소에서 평가되며 2점 정도의 감점이 이루어진다.

Fault 커피 맛을 전체적으로 지배하는 심각한 결점이 발견되었을 때 4점 정도 감점된다.

Overall 이전까지의 평가와 더불어 주관적인 측면을 부여한 점수이다.

단계별 평가
Fragrance / Aroma
① 샘플을 분쇄한 뒤 15분 이내에 실시한다. 물을 포함하지 않은 상태로 샘플을 평가하는 단계이며 뚜껑을 열어 가루의 향기를 맡는다.
② 적절한 상태의 물을 따른 후 크러스트(표면에 떠오르는 커피가루의 막)를 부수지 않고 3~5분 정도 그대로 둔다.
② 크러스트를 부순 뒤, 스푼으로 거품을 치우고 가볍게 향기를 맡는다. 더운물을 따르기 전과 후의 차이를 고려하며 평가한다.

Flavor / Aftertaste / Acidity / Body / Balance
① Fragrance / Aroma 평가를 마친 샘플의 온도가 10~12분 정도 경과해 약 70°C 정도가 되면 평가를 시작한다. 이 온도는 후각 점막 세포부로의 향 전달이 가장 극대화되는 시점이므로 플레이버와 애프터테이스트를 평가하는 것이다.
② 샘플이 60°C까지 내려가면 액시디티, 바디, 밸런스를 평가한다. 밸런스에서는 플레이버, 애프터테이스트, 액시디티, 바디의 조화를 평가한다.
③ 샘플의 온도 저하에 따라 평가가 달라지므로 최소 2~3번 정도 반복해서 온도 차에 따라 비교 체크한다.

Sweetness / Uniformity / Clean Cup
① 추출액이 38°C 미만의 실온에 가까워지면 스위트니스, 유니포미티, 클린컵을 평가한다. 최고 10점 기준으로 컵 당 2점씩 가산이 가능하다.
② 액체의 온도가 21°C가 되면 평가를 멈추고 모든 속성을 통합적으로 판단해 커퍼포인트(커퍼가 받은 인상)의 오버롤 점수를 낸다.

채점
샘플 평가가 끝나면 모든 평점을 합산한 합계점 Total Score을 폼의 상단부 란에 기입한다.
최종평점 Final Score은 합계점에서 디펙트 항목의 평가점수를 감한 것이다.

평가 결과
95~100 Exemplary / Super Premium Specialty
90~94 Outstanding / Premium Specialty
85~89 Excellent / Specialty
80~84 Very Good / Premium
75~79 Good / Usual Good Quality
70~74 Fair / Average Quality
60~70 Exchange Grade
50~60 Commercial
40~50 Below Grade
40 미만 Off Grade

CoE 커핑

CoE란?

'커피의 오스카상'이란 닉네임이 붙은 CoE 대회는 최고의 커피를 찾기 위해 매년 열리는 대회이다. 초기에는 비영리 국제기구인 ACE^{Alliance for Coffee Excellence}에서 커피농부들이 정당한 땀의 댓가를 받을 수 있도록 하자는 목적으로 시작되었다. 그 후 산지의 농부와 소비자 사이에 중간 에이전트를 거치지 않고 바로 연결하여 농부들의 권익을 보호할 뿐 아니라 커피의 품질을 끌어올리는 단계까지 이르렀으며 현재 12개 나라(볼리비아, 브라질, 부룬디, 콜롬비아, 코스타리카, 엘살바도르, 과테말라, 온두라스, 니카라과, 르완다, 멕시코, 페루)에서 대회가 진행되고 있다. 커피 수확기에 맞춰 각국에서 열리는 CoE 대회에서는 국내 예선을 거쳐 엄선된 생두만이 국제 심판관의 평가를 통해 순위가 정해지게 된다. 본선 진출 커피를 키워낸 농부들과 국제 심판관, 그리고 세계 각국의 커피인들이 모이는 축제의 장이라 할 수 있다.

CoE 평가

CoE 평가는 크기와 프리 셀렉션, 국내 심판관의 커핑, 국제 심판관의 커핑 3단계로 이루어진다. 프리 셀렉션을 통과한 커피는 다시 국내 심판관들이 세 차례에 걸쳐 평가하고 86점 이상을 받은 커피만 국제 심판관의 커핑을 받을 기회가 주어진다.

국제 심판관의 커핑은 5일 동안 이루어지는데 첫째 날은 심사위원들 간의 칼리브레이션과 해당 국가의 생두 자체에 대한 평가가 이루어지며, 마지막 날에는 가장 높은 점수를 받은 상위 10개의 샘플을 다시 평가하여 최종 순위를 가린다. 이때 가장 높은 점수와 낮은 점수를 제외한 나머지 점수의 평균으로 총점을 산출하며 공정한 심사를 위해 심사위원의 출신 국가를 지역별로 안배한다.

TIP 결점두 Defects

결점두는 마이너스가 되는 점수를 매기는데 사용한다. 벌레 먹은 콩이나 백화현상이 일어난 콩, 깨진 콩 등 생두의 품질에 나쁜 영향을 미치는 콩의 개수를 세어 품질을 평가한다. CoE의 경우 커머셜 등급의 커피를 커핑하는 것이 아니기 때문에 결점두는 거의 존재하지 않지만 혹시라도 커피 맛에 악영향을 미칠 요소가 있다면 찾아내야 한다.

계산방법

결점두의 강도 점수(정도에 따라 1~3의 점수부여)×(결점두가 포함된)컵의 수×4로 계산한 결점두 점수를 전체 평가에서 빼면 종합점수가 된다.

유의사항

1. 생두의 품질을 위한 커핑이라면 반드시 로스팅 정도를 일정하게 해야 한다.
2. 컵과 컵 사이를 이동할 때는 스푼을 깨끗한 물로 씻어 커피가 섞이지 않도록 한다.
3. 커핑 전 자극적인 음식을 먹지 않는다.
4. 커핑 시 서로 의견을 교환하지 않는다.
5. 혼자 하는 것보다 여럿이 모여서 하는 것이 오차를 줄일 수 있다.
6. 되도록 커핑 용어를 사용해 맛과 향을 평가한다.

*자국에서 표현되는 맛이나 향에 대한 용어는 세계적으로 통용되지 않으므로 국제적으로 객관적인 표현만을 사용해야 한다.

CoE 평가지

CoE 커핑 평가지는 미국의 커피전문가인 조지 H. 하웰George H. Howell이 몇몇의 커피전문가와 함께 와인 커핑 폼을 개량하여 만들어냈다. CoE 커핑 평가지는 커피의 맛을 8개 항목으로 나누어 평가하는 구조이다.

CoE 커핑 항목의 특징은 아로마에 대한 부분이다. SCA의 경우는 아로마 평가가 점수에 반영된다. 그러나 CoE의 경우, 평가는 하지만 종합점수에 반영하지 않는다. 아로마 평가는 개인의 경험 유무에 따라 주관적으로 엇갈릴 수 있기 때문이다. 예를 들어 커피의 풍미를 열대 과일에 비교하는 경우가 많은데 열대과일을 접해보지 못한 사람은 그 향을 평가할 수가 없다. 이런 점에서 공정성에 어긋나기 때문에 아로마 평가는 CoE 커핑 종합점수에 포함되지 않는 것이다.

CoE 커핑 평가는 8점 만점의 8개 섹션으로 총 64점에서 부정적인 향미에 대한 감점 사항을 반영한 후 36점을 일괄적으로 더해 총점을 산출한다. 0.5점 단위로도 평가가 가능하며, 스페셜티급 커피는 1점이 채 되지 않는 0.5섬 차이에 의해 순위가 결정될 만큼 세밀하게 맛의 평가가 이루어지기 때문에 좋은 맛을 느끼든 나쁜 맛을 느끼든 그 맛에 대한 정확한 표현과 이유를 적어야 한다.

TIP   CoE 평가지 용어해설

1. Clean Cup
- 입 안에 넣었을 때 커피에서 느껴지는 순도
- 잡맛의 유무, 결함Defect이 느껴지는지, 느껴지지 않는지
- (+) Purity 순수한, 깨끗한 맛
  Free Form Measurable 적당한 맛
  Clarity 맑은
- (−) Dirty 순수하지 않은 Earthy 흙냄새
  Moldy 곰팡이 냄새 Off-Fruity 풍부하지 않은

2. Sweetness
- 커피의 당도
- 입 안에서의 당도와 후미에 남는 당도 모두 포함
- (+) Ripeness 완숙된 Sweet 달콤한
  Honey 당도가 높은 달콤함
- (−) Green 풋 맛 Undeveloped 익지 않은
  Closed 답답한 Tart 시큼한

3. Acidity
- 커피 안의 산미
- 과일에서 느껴지듯 입 안에 군침을 돌게 하는 산미
- (+) Lively 상쾌한 Refined 정제된
  Firm 견고한 Soft 부드러운
  Having Spine 톡톡 쏘는 Crisp 거친, 바삭바삭한 레몬의 산미
  Structure 구조적인 Racy 활기찬
  Bright 생기발랄한
- (−) Sharp 날카로운 Hard 딱딱한
  Thin 얇은 Dull 무딘
  Acetic 시큼한 Sour 자극적인 신맛
  Flabby 자극적인 Biting 얼얼한

4. Mouthfeel
- 커피를 입 안에 머금고 있을 때 느껴지는 전체적인 질감
- (+) Buttery 버터같은 Creamy 크림같이 부드러운
  Round 혀를 감싸듯 부드러운 Smooth 매끄러운
  Cradling 요람이 흔들리듯 Rich 바디
  Velvety 벨벳같은 Tightly Knit 타이트한
- (−) Astringent 자극적인 Rough 거친
  Watery 묽은 Thin 얇은
  Light 옅은 Gritty 모래같은

5. Flavor
· 커피의 풍미, 종합적인 향과 맛
(+) Characte 특징적인 Intensity 강렬한
　　Distinctiveness 명료한 Pleasure 만족스러운
　　Simple-Complex 단순 복잡한 Depth 깊이있는
　　Nutty 견과류 Chocolate 초콜릿
　　Berry 베리 Fruit 과일
　　Caramel 캐러멜 Floral 꽃향기
　　Beefy 옹골찬 Spicy 생기있는
　　Honey 달콤한 Smokey 스모키한
　　Juicy 매력적인
(−) Insipid 무미건조한 Potato 무미건조한
　　Peas 풋내, 덜 익은 Grassy 풋내
　　Woody 나무향 Bitter-Salty-Sour 쓴맛, 짠맛, 신맛
　　Gamey 사냥한 고기의 냄새 Baggy 허전한
　　썩은 단백질

6. Aftertaste
· 풍미의 지속성
(+) Pleasantly Lingering - Cleanly Disappearing 깔끔하게 사라지는, 즐겁게 오래남아 있는 Sweet 달콤한
(−) Bitter 쓴 Harsh 거친
　　Astringent 떫은 Dirty 불결한
　　Unpleasant 불쾌한 Metallic 금속성의

7. Balance
· 각 요소의 어우러짐
(+) Harmony 조화로운 Equilibrium 균형잡힌
　　Stable-Consistent 안정된 Structure 조직화된
　　Tuning 안정된 Acidity-Body 산미와 바디
(−) Hollow 공허한 Excessive 과도한
　　Aggressive 공격적인
　　Inconsistent Change in Character 조화롭지 못한 특징이 있는

8. Overall 종합평가
· 심판관 개인의 주관적인 선호도
(+) Complexity 복잡한 Dimension 체계적인
　　Uniformity 한결같은 Richness 훌륭한
(−) Simplistic 단순한 Boring 지겨운
　　Do not Like 좋지 않은

TIP

기초 향미 훈련 도구

르 네 뒤 카페 Le Nez du Café

프랑스 조향사 장 르누아르Jean Lenoir가 커피에서 느낄 수 있는 대표적인 향 36가지를 추려 만든 커피 아로마 키트.
카테고리는 크게 엔자이매틱enzymatic, 슈가브라우닝sugar browning, 드라이디스틸레이션dry distillation, 아로마 결점aromatic taints으로 구분되어 있으며 커피향미를 익히기 위한 교보재로 많이 활용된다.

플레이버휠 Flavor Wheel

Coffee Taster's Flavor Wheel이라고도 한다. 스페셜티커피협회SCA에서 고안한 향미 분류표로, 커피향미를 카테고리별로 구분해 표로 보기 쉽게 정리한 것이다. 커피향미의 구성방식과 원리에 관한 내용을 담고 있으며, 전 세계 커피인들이 다양한 커피향미의 특성을 공통의 기준으로 표현하고 공유할 수 있도록 했다.

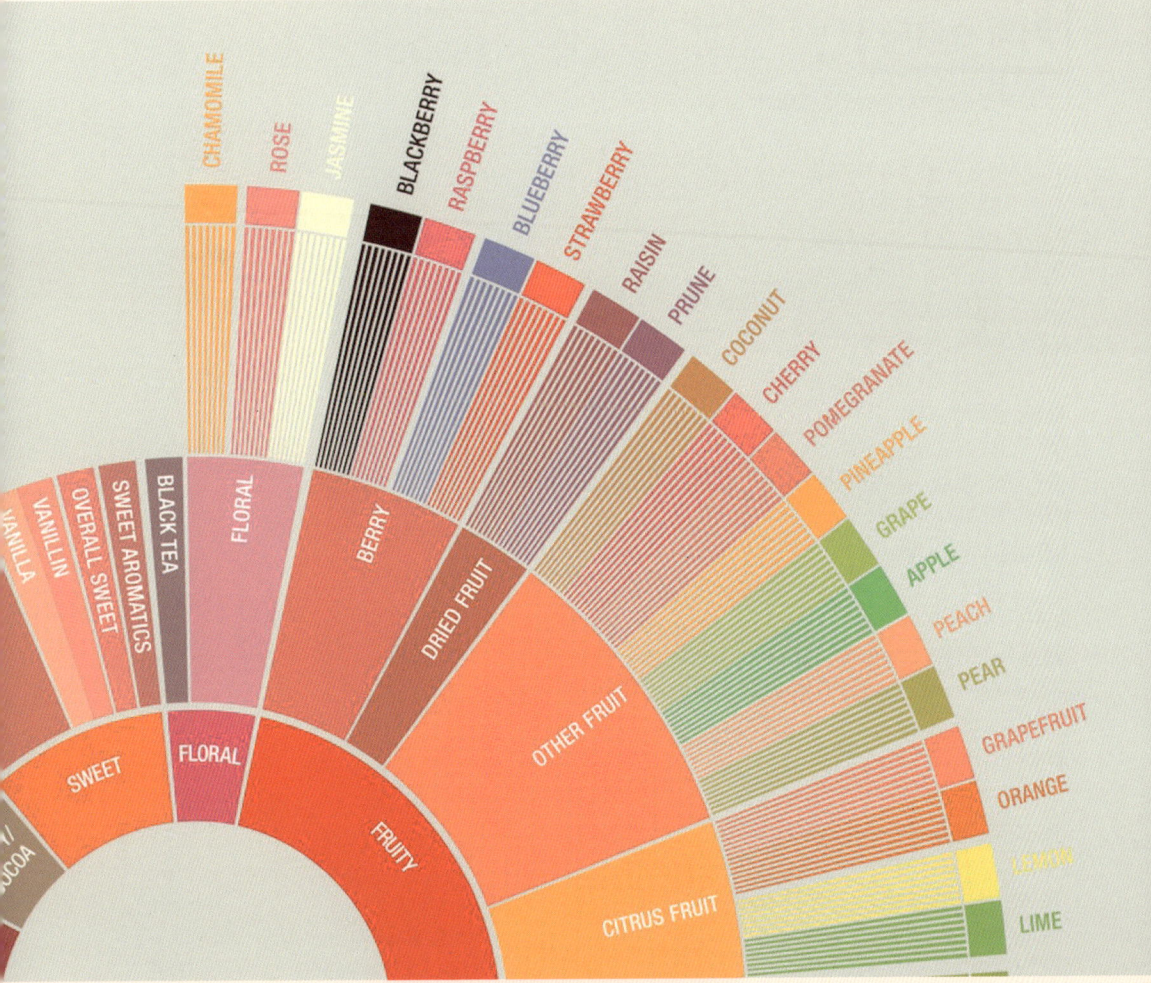

커피 스터디 개정판
초보부터 마스터까지 한권으로 끝내기

2010년 11월 15일 초판 1쇄 발행
2017년 5월 30일 초판 7쇄 발행
2018년 11월 8일 2판 1쇄 발행
2024년 8월 22일 2판 5쇄 발행

지은이 한국커피산업진흥연구원
       (이용구, 김건우, 김세헌, 류재연)
펴낸이 홍성대
편집 정성희, 이여진, 김하영
사진 김현, 김대현, 월간Coffee
디자인 형태와내용사이
기물협찬 덴비(Denby)

펴낸곳 아이비라인
출판등록 2001년 12월 27일 제311-2003-00049호
주소 (04321) 서울시 용산구 한강대로 295 남영빌딩 5층 506호
전화 (02) 388-5061 **팩스** (02) 388-9880
홈페이지 www.the-cup.co.kr

ISBN 978-89-93461-47-3 13590

· 이 책은 저작권법에 따라 보호받는 저작물이므로 무단 전재와 무단 복제를 금합니다.
· 이 도서의 국립중앙도서관 출판예정도서목록(CIP)은 서지정보유통지원시스템 홈페이지(http://seoji.nl.go.kr)와
  국가자료종합목록시스템(http://www.nl.go.kr/kolisnet)에서 이용하실 수 있습니다. (CIP제어번호 : CIP2018034721)